FISH!

펄떡이는 물고기처럼

by Stephen C. Lundin, Harry Paul, and John Christensen

Copyright ⓒ2000 by Stephen C. Lundin, Harry Paul, and John Christensen
This edition published by arrangement with Hachette Books, New York, New York, USA.
through EYA(Eric Yang Agency), Seoul
All rights reserved.

Korean Translation Copyright ⓒ2000 by Haneon Community Co.

이 책의 한국어판 저작권은 에릭양 에이전시를 통한 저작권자와의 독점 계약으로 (주)한언이 소유합니다.
저작권법에 의하여 한국어판의 저작권 보호를 받는 서적이므로 무단전재나 복제를 금합니다.

FISH!

펄떡이는 물고기처럼

Stephen C. Lundin, Harry Paul, John Christensen 지음 / 유영만 옮김

한언

비록 지금,

당신이 하는 일을 좋아하지 않는다고 해도,

앞으로,

당신의 일을 사랑할 수 있도록

마음을 변화시키는 놀라운 이야기!

매일 아침, 모든 직원이 에너지와 열정이 넘치는 밝은 모습으로 출근하는 일터를 한번 상상해보라. 자신이 맡은 일을 즐기고 나아가 동료들, 고객들과 좋은 관계를 맺고 일하는 환경을 머릿속에 그려보라. 이 놀라운 이야기를 현실에서 재현한 사람이 있다. 메리 제인은 열정이라고는 찾아볼 수 없고 살아 움직이는 느낌이 전혀 느껴지지 않았던 자신의 부서를 효과적인 팀으로 바꾸어 놓아야 하는 운명에 처했다.

그녀의 시애틀 사무실에서 조금 떨어져 있는 파이크 플레이스 어시장은 이곳에서만 느낄 수 있는 특이한 재미와 즐거운 분위기, 그리고 훌륭한 고객 관리로 놀라운 성공을 거둔 사업체였다. 메리 제인은 파이크 플레이스 어시장의 생선 상인들로부터 배운 단순한 교훈들을 실제 상황에 독창적으로 적용시킴으로써, 자신의 일터에 놀라운 변화를 일으켰다. 어떻게 직원들의 에너지를 충전시킬 수 있는지, 어떻게 일을 즐겁게 받아들일 수 있는지 그 해답을 발견한 것이다.

이 이야기는 오늘날 직업세계에서 가장 절박하게 떠오르는 문제의 실마리에서 시작한다. 무엇보다 먼저 직원 스스로 자신이 회사의 주인공이라는 사실을 깨닫고, 자신의 일에 매혹되며, 스스로 자신의 잠재된 에너지를 밖으로 끌어 낼 수 있는 방법을 보여준다. 이 책에서 소개하는 FISH 철학은 너무나 분명하고 쉬워서, 어떠한 단체, 어떠한 직종, 어떠한 부서에 있는 누구라도 마음만 먹으면 스스로의 상황에 당장 응용할 수 있도록 만들어졌다.

정말로, 정말로 권하고 싶은 책!

이 책은 이야기만으로도 더할 나위 없이 훌륭하다. 우리의 '사고'를 자극하고 있기 때문이다. 여기에서 보여주는 교훈들을 현장에 적용한다면 어떤 기업이나, 단체라도 분명히 변할 것이다. 이 물결에 올라타라!

피터 아일러 & 피터 이코노미, 『키를 잡고서 At the Helm』의 저자

이 책은 단지 회사에 대한 또는 직원들에게 동기를 부여하고 사기를 높이기 위한 책이 아니다. 이 글은 삶 자체를 되새긴다. 우리가 어떻게 매일의 일상을 살아가야 하는지에 대한, 또 우리의 가족, 친구, 그리고 거리에서 만나는 사람들과 서로 어떻게 영향을 주고받을 수 있는지에 관한 책이다. 이 책을 통해 배운 것들을 실제 삶에 적용함으로써, 여러분은 더 나은 경영인이 될 뿐 아니

라, 더 나은 사람이 될 것이다. 이것이 가장 중요한 성과이다.

리차드 술퍼지오, 콸컴 사의 최고경영자

런딘, 폴, 그리고 크리스텐슨은 일터의 환경을 개선시키는 원리들을 꿰뚫어 보고 있다. FISH 철학은 성공적인 기업의 기본이 되는 네 가지 강력한 원리들을 알려주는 데에 아주 적절한 이야기이다. 직장에서 긍정적인 변화를 일으키고자 하는 사람이라면 누구에게나 권할 수 있는 책이다.

하이럼 스미스, 프랭클린 코비 사의 공동 회장

우선 나 자신이 이 책을 통해 에너지를 얻었다. 그리고 일만 오천 명의 직원이 속해있는 우리 회사에 이 개념들을 적용시켰고, 그 과정에서 큰 잠재력을 볼 수 있었다. '에너지를 잡아라. 그리고 잠재력을 발산하라!'는 문구 속에 우리에게 필요한 메시지가 담겨 있다.

도널드 D. 스나이더, 보이드 게이밍 사의 사장

이 책은 사람들을 잘 다루는 훌륭한 경영자가 되기 위한 길이 상식과 황금률―타인에게 대접받고자 하는 대로 다른 사람들을 대하라―을 활용할 줄 아는 것이라는 사실을 보여준다.

로버트 J. 뉴전트, 푸드메이커 사의 최고경영자

목차

나의 낡은 날들과의 작별을 위해,

나의 새로운 날들과의 시작을 위해

이 책은, 책으로 나오기 전에 실제로 있었던, 믿을 수 없을 만큼 굉장한 이야기를 담았다.

존 크리스텐슨과 그의 회사 차트하우스Charthouse는 시애틀의 파이크 플레이스 어시장에 대한 기발한 비디오를 만들어냈다. 나는 세미나를 할 때마다 사람들에게 이 비디오를 보여주었다. 삶을 열정적으로 살아가고자 할 때, 또는 일터를 활기찬 곳으로 만들고 자 할 때, 어떻게 해야 할지 물음표를 던지며 말이다.

그리고 존 크리스텐슨과 함께 스티븐 런딘과 나의 오랜 동료인 해리 폴은 바로 이 파이크 플레이스 어시장 이야기를 책으로 출간 하였다. 바로 *FISH!* 라는 제목으로. 이 이야기가 어떠한 모습으로 당신에게 다가가든지 간에, 나는 이것은 멋진 사랑 이야기라고 믿 는다. 이 책은 우리에게 말한다. "현재 하고 있는 일을 사랑하기로 마음먹었을 때, 우리는 매일매일 행복이라는 감정과 의미, 그리고 성취감의 한계가 어디까지인지를 체험해 볼 수 있을 것이다."

얼마나 놀라운가? 믿을 수 없겠지만, 우리 대부분은 성인이 된 후 깨어 있는 시간의 75퍼센트를 일에 관련된 활동—집을 나서 기 위해 준비하는 시간, 직장으로 가는 시간, 실제로 일하는 시간, 일에 대한 생각을 하는 시간, 그리고 일을 끝내고 긴장을 푸는 시 간—에 할애하고 있다. 자, 그럼 생각해 보자! 우리가 그토록 많 은 시간을 일과 연관 지어 보내고 있다면, 일은 즐거운 것, 또한 에너지를 얻을 수 있는 것이어야 한다. 하지만 아직도 너무나 많은 사람들이 직장이 아닌 다른 곳에서 행복을 찾으려 하고 있다. "하나님 감사합니다. 드디어 금요일입니다!Thank God It's Friday!"라는 말은 여전히 많은 이들이 살아가는 방식인 것이다.

이제 이런 나날들과 작별해야 한다. 이 책을 읽고 당신과 함께 일하는 모든 사람들과 이 이야기를 나누고 책 속에 담겨있는 네 가지 전략들을 실행해보기 바란다. 나는 모든 경영자들이 이 책을 통해 매우 유익한 영감을 얻을 수 있으리라 확신한다. 왜냐하면 이 이야기는 종업원들이 보다 오랫동안 회사에서 재미있게 일할 수 있도록 해줄 뿐 아니라, 그들로 하여금 자신들이 이루어 가는 일에 대한 자긍심을 갖도록 동기를 부여할 것이기 때문이다.

사람들은 누구나 즐겁고 기운이 넘치며, 스스로 혁신적인 무언가를 만들어 낼 수 있는 환경에서 일하고 싶어한다. 바로 이 책에 담긴 FISH 철학이 그러한 길을 열어줄 수 있다. 일에 지쳐 쇠약해지는 것을 예방하고, 일에 대한 지속적인 열정을 갖게 해 줄 것이기 때문이다.

　여러분도 이미 눈치 챘겠지만, 나는 이 FISH 이야기의 열정적인 팬이다. 정말이지, 어마어마한 책이라고 생각한다. 파이크 플레이스 어시장에 대한 이야기는 기대 이상으로 환상적이다. 이 책은 단지 생선을 파는 어시장에 대한 이야기가 아닌, 당신의 일터에서도 충분히 일어날 수 있는 한 편의 멋진 사랑 이야기이다.

켄 블랜차드Ken Blanchard

지금 하고 있는 일을 사랑하자

　오늘, 우리는 무언가 목적을 이루기 위해 살아가는 것보다, 자신이 사랑하는 일을 하는 것을 매우 당연하게 여긴다. 그렇다 시를 쓰거나, 보트를 타고 세계를 여행하거나, 그림을 그리거나, 무엇이든지 좋아하는 일을 하다 보면 어느새 성공은 저절로 따라올 것이라고 우리는 막연히 믿는다. 그리하여 우리는 스스로에게 자신의 이상과 다른 일을 하면서 소중한 시간들을 보내기에는 인생이 너무나 짧다고 말하며 완벽한 직장을 찾아 헤맨다.

　그러나 만일 그런 직장을 찾기 위한 모험이 끊임없이 되풀이된다면, 우리가 살고 있는 일분일초, 주어진 지금 이 순간의 삶은 무엇인가? 지금을 불평하면서 내일에만 초점을 맞추어 살아간다면, 우리 모두는 지금 이 순간의 놀라운 삶의 기쁨을 놓칠지도 모른다!

우리가 살고 있는 현실 세계에는 완벽하고 이상적인 직장을 찾아 헤매는 것을 막는 조건들이 산재해 있다. 많은 사람들이 가족과 자신의 삶에 대해 무거운 책임감을 지고 있다. 또 어떤 이들은 아직 그들의 진정한 사명을 구체적으로 발견하지 못한 상태이기도 하다. 어떤 사람들은 자신의 개인적인 문제때문에 너무 심한 스트레스를 받고 있어서, 말 그대로 새로운 일을 찾아 나설 열정이나 에너지가 아예 상실된 상태인 것도 사실이다.

이 FISH 이야기는 비록, 우리가 지금의 일을 완벽히 좋아하지 않을지라도, 우리 앞에 주어진 일을 사랑할 수 있도록 안내한다. 그럼으로써 우리의 내면 깊은 곳에 존재하는 에너지와 창의력과 열정의 자원들을 찾아낼 수 있다고 말해준다.

지금, 당신이 새로운 삶을 만나고 싶다면 모든 일을 제치고 당장 이 이야기를 읽어보라고 권하고 싶다.

PIKE
연어
$4.99
고등
$3.
고등어
$3.99

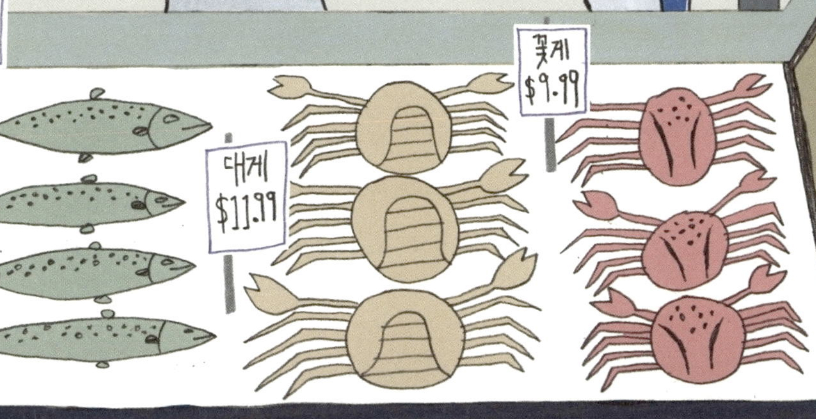

Chap 1. Seattle _Monday morning   시애틀 _월요일 아침

시애틀 _월요일 아침

그날, 시애틀의 아침은 춥고, 어둡고, 축축한, 그야말로 우울한 월요일 아침이었다. 일기예보마저 정오깨나 되어야 구름이 걷힐 것 같다고 했다. 메리 제인 라미레즈는 이런 날이면 항상 남부 캘리포니아가 그리웠다.

의자에 가볍게 기댄 채 창밖을 바라보던 제인은 지난 3년간의

시간을 조용히 되돌아보았다. '정말이지, 롤러코스터를 탄 것 같았어!'

3년 전, 남편 댄이 마이크로룰Microrule 사로부터 파격적인 입사 제의를 받았을 때만 해도 그들의 앞날에는 이제 장밋빛 탄탄대로만이 펼쳐진 줄 같았다. 게다가 시애틀로 이사를 하면서 제인은 자신도 쉽게 새 직장을 찾을 수 있으리라 생각했다. 댄이 마이크로룰로부터 연락을 받고 불과 4주만에 그들은 짐을 꾸려 이사를 했고, 아이들을 돌봐줄 좋은 탁아시설도 금방 찾아냈다. 때마침 부동산 시장이 성수기여서 캘리포니아에 있는 집도 금세 팔렸다. 기대했던 대로 제인도 시애틀에서 가장 큰 금융기관 중 하나인 제일보증 금융회사First Guarantee Financial의 관리직에 곧바로 채용되었다. 모든 일이 너무도 순조로웠다.

댄은 새로운 회사에서의 일을 정말 좋아했다. 그는 집으로 돌아와서도 항상 에너지가 넘쳤으며, 지금 몸담은 회사에 대해서 그리고 그곳에서 이루어지는 여러 발전적인 일에 대한 이야기들로 대화를 가득 채우곤 했다. 댄과 제인은 종종 아이들을 재운 후 밤 늦게까지 이야기를 나누었다. 새로운 회사에 대해 가지고 있는 열정만큼이나 아내의 하루에 대해서도 깊은 관심을 가지고 있었던 댄은 제인의 새로운 직장과 그녀의 동료들에 대해서도 알고 싶어했다. 누구든지 이 부부의 모습을 본다면 이 둘이 세상에서 가장 친한 둘도 없는 친구 사이라는 것을 금세 알아차릴 수 있었을 것이다. 낮고 잔잔한 음성으로 도란도란 다정하게 이야기를 나누는 눈빛들 속에서 서로의 영혼이 맑게 빛나고 있었다.

그들은 일어날 수 있는 모든 일들을 예측하여 안전하고 꼼꼼하게 미래를 설계했다. 상상조차 할 수 없었던 단 한 가지를 제외하고 말이다.

시애틀로 이사한 지 12개월 만에 댄이 갑자기 동맥류 파열을 일으키며 쓰러졌다. 급히 병원으로 옮겨졌지만(병원에서는 '유전적 기형'이라고 했다), 댄은 끝내 다시 의식을 회복하지 못하고 내출혈로 숨을 거두었다. 아무런 준비도, 마지막 인사를 할 시간도 없이

FIRST GUARANTEE FINANCIAL

둘은 그렇게 허망한 이별을 맞이했다.

'벌써 2년 전 일이네. 그날도 마침 오늘처럼 캄캄하고 스산한 날이었지. 우리가 함께 시애틀에 온 지 만 1년도 채 되기 전이었어.'

머릿속에 밀려드는 그리운 추억의 편린들이 제인의 가슴속을 알싸하게 파헤치고 있었다. 그동안 애써 깊숙이 묻어두었던 감정의 파도들이 저 밑바닥부터 울컥 솟구쳐 올라왔다. 그녀는 잠시 가볍게 몸을 움츠렸다가 푸르르 털며 자신을 타일렀다.

'제인, 지금은 옛사랑 따위나 생각할 시간이 아니야. 근무시간이 반도 지나지 않았잖아. 더욱이 넌 이 산더미 같은 일들을 오늘 내로 신속하게 처리해야 하지 않니…'

그녀는 누구에게 자기 마음을 들키기라도 한 듯, 마음을 추스르고 다시 쌓여있는 서류들을 펼치기 시작했다.

제일보증 금융회사

제일보증에서 일한 지 3년 만에 메리 제인은 '무슨 일이든 해내고 마는 관리자'라는 좋은 평판을 얻게 되었다. 그녀는 사무실에 가장 먼저 출근하거나 가장 늦게까지 남아 있는 사람은 아니었으나, 자신의 할 일을 절대로 미루지 않는 명확한 업무 신념을 가지고 있었다. 자신의 일을 신중하게 다루는 그녀의 태도에 사실 그녀는 회사 내에서 한편으론 유쾌하면서도 한편으론 적잖이 고달플 수밖에 없었다. 왜냐하면 회사 내 모든 사람들이 업무를 처리할 때 반드시 그녀의 부서를 거쳐가려고 했기 때문이다. 그들은 그녀의 손을 거치면 어떤 일이든지 정해진 시간 안에, 그것도 가장 높은 품질로 완성된다는 것을 알고 있었다.

그녀는 또한 부하 직원들이 함께 일하고 싶어하는 최고의 상사로 꼽히기도 했다. 항상 아랫사람들의 의견과 관심에 귀를 기울이고 신중하게 배려해 주는 태도뿐만 아니라 수평적이며 자유로운 토의를 이끌어 내는 리더십이 부하 직원들에게 존경과 호감을 불러일으켰기 때문이다. 아이가 아프거나 중요한 약속이 있는 동료직원을 위해 그녀가 나서서 일을 처리해 주는 모습은 흔히 볼 수 있는 풍경이었다. 그녀의 이런 모든 행동들은 궁극적으로 그녀가 이끄는 부서의 생산성 향상을 유도했다. 더욱이 그녀는 이 모든 것을 편한 마음으로 해내고 있었기 때문에(일의 완성도를 높이기 위한 긍정적인 긴장을 제외하고는) 지나치게 스트레스를 받는 경우도 거의 없었다. 동료들과 직속 부하 직원들은 그녀와 함께 일하는 것을 즐겼다. 그렇게 메리 제인이 지휘하는 부서는 3년 만에 '믿을 수 있는 팀'이라는 명성을 얻게 되었다.

한편 이와는 대조적으로, 회사 3층에는 늘 사람들의 입방아에 오르내리는 문제의 부서가 있었다. 제법 큰 규모의 이 관리부서를 묘사하는 말은 주로 '둔감한, 게으른, 불쾌한, 느린, 황무지같이 스산한, 그리고 부정적인' 같은 단어들이었다. 회사 내의 대다수가 이 부서를 비웃고 있었고, 세 사람 이상이 모이는 자리에서는 어김없이 그들의 이야기가 도마 위에 올랐다. 그러나 불행하게도 거의 모든 부서들의 업무는 3층의 관리부서와 불가분의 관계를 맺고 있었다. 서류작성 작업 대부분이 그곳에서 이루어지고 있기 때문이었다. 그럼에도 불구하고 모든 직원들이 3층 부서와 접촉하는 것을 피하고 싶어했다.

어느 날, 회사의 리더들이 모인 자리에서 3층 부서 이야기가 튀어나왔다. 그곳을 방문한 적이 있는 사람들은 이구동성으로, 부서 분위기가 마치 영안실 같아서 살아있는 사람의 생명을 금방이라도 빨아들일 듯하다고 말했다. 이때 어느 부장이 큰일이라도 난 것처럼 법석을 떨며 들어오더니 자기가 노벨상을 받아야 한다고 너스레를 떨었다. 그는 흥분해서 말했다. "정말이지, 다들 믿을 수 없겠지만, 제가 오늘 3층에서 살아있는 생명체를 발견한 것 같아요!"

그로부터 몇 주가 지난 후, 제인은 바로 그 악명 높은 3층 관리부서의 부장으로 승진하게 되었다. 그녀는 조심스럽게, 한편으로는 약간의 부담감과 함께 회사의 임명을 받아들였다. 회사는 그녀에게 엄청난 기대를 하고 있었으나, 그녀는 그 자리를 맡는 데 대해 상당히 오랜 시간 고민해야 했다. 사실 그녀는 현재 일하고 있는 부서에 더할 나위 없는 편안함을 느끼고 있었다. 부서 동료들은 남편이 떠난 뒤 힘겨웠던 나날을 지켜준 든든한 버팀목이었다. 그녀의 인생에서 가장 어두웠던 길을 애정 어린 시선으로 함께 걸어주었던 사람들을 떠난다는 결정은 너무나 어려웠다. 더욱이 제인은 남편의 죽음 이후부터는 위험을 감수하고자 하는 의지나 용기도 많이 약해져 있었다. 이런 상황에 3층 관리부서라니…. 다달이 갚아나가야 하는 남편의 병원비만 아니었다면 아마도 제인은 이번 진급 제안을 거절했을 것이다.

결국 그녀는 지금 악명 높은 3층에 올라와 있다. 해가 다르게 사람이 바뀌는 자리로 자신이 발령 받았다 사실을 곱씹으면서 말이다.

3층 부서

　부서발령을 받고 첫 5주 동안, 그녀는 새로운 업무와 동료들을 이해하기 위해 열정을 쏟았다. 그리고 그녀는 무수한 악평에도 불구하고 3층에서 일하고 있는 사람들 대부분을 좋아하게 되었다. 그러나 동시에 이 부서가 악평을 받는 것이 지극히 당연하다는 사실도 깨달았다.

　업무 5년 차인 직원 밥은 일곱 번씩이나 벨이 울릴 때까지 전화를 받지 않고 있다가 급기야 전화선을 뽑아버린다. 또 마르타라는 여직원은 좀 더 빨리 서류작업을 해 달라고 하는 사람들을 귀찮아하고 어떻게 하면 요령 있게 처리할 수 있는지에 대해 의기양양하게 이야기하고는 한다. 이런 것들을 보고 있자니 제인은 절망을 느꼈다. 가령 마르타는 서류를 마치 '실수'인 것처럼, 멀리 떨어져 있는 서류 보관함에 넣어 두곤 한다. 물론 '실수로 그냥 내버려두고 처리하지 않는 것'이다. 휴게실에 들어갈 때마다 소파에 앉아

졸고 있는 것도 너무나 흔히 볼 수 있는 풍경이었다. 거의 매일 아침마다 전화벨이 십여 분씩이나 계속 울려 대도 아무도 받는 사람이 없었다. 이유는 '직원들이 아직도 출근하고 있는 중'이라는 것이다. 어째서 그렇게 행동하느냐는 질문에 대한 핑계는 셀 수 없이 많았고 그나마 하나같이 말도 안 되는 것들이었다. 모든 것이 그야말로 '될 대로 되라'는 슬로모션이었다. 이러니 3층이 '게으르다'는 평판을 받는 것은 너무나 당연한 일이었다.

무엇부터 어떻게 시작해야 할지 도무지 종잡을 수는 없었지만, 지금 당장 뭔가를 해야 한다는 절박감이 그녀를 사로잡았다. 매일 밤, 아이들이 잠자리에 들고 난 후 그녀는 일기를 쓰면서 자기의 상황을 어떻게 변화시킬 것인가를 골똘히 생각하곤 했다. 제인은 며칠 전에 써 놓았던 일기를 다시 들춰보았다.

금요일, 거리는 춥고 우울해 보였다. 유리창을 통해 본 사무실 내부의 풍경은 마치 바깥 세계에 대해 경의라도 표하는 듯 무서운 침묵만이 가득했다. 여기엔 에너지가 전혀 없다. 가끔은 내 주변에 살아 있는 사람들이 있다는 사실을 까먹을 정도였다. 이 사람들을 깨우기 위해선 결혼식이나 자녀들 이야기 같은 화제들이 필요했다. 그들은 직장에서 일어나는 그 어떤 일에 대해서도 결코 흥분하는 법이 없었다.

내가 책임지고 있는 부하 직원은 30명이다. 대부분 낮은 임금을 받는 그들의 하루는 아주 천천히 일을 하는 것으로 채워진다. 수년에 걸쳐 똑같은 방법으로 업무를 수행해 왔고, 이제는 본인들조차 그런 자신의 인생을 지겨워하고 있다. 모두 좋은 사람들 같아 보이지만, 과거에 지녔던 마음속의 불꽃을—예전에는 단 한 점이라도 열정을 가지고 있었다면—잃어버린 게 분명하다. 이 부서의 공기는 사람을 너무나도 강력하게 침울하도록 만든다. 그러니 새로 부임하는 사람들도 불꽃을 잃어버리지 않을 수 없다. 자리에 함께 앉아 있으면 마치 공기 중에 산소가 모조리 빠져나간 듯한 느낌을 받는다. 숨을 쉬기가 어렵다.

따르릉

지난 주, 나는 우리 부서 사무원들이 2년 전에 설치된 컴퓨터 시스템을 아직까지도 사용하지 않고 있다는 놀라운 사실을 발견했다. 그들은 옛 방식으로 일하는 것이 더 좋다고 말했다. 얼마나 더 많은 황당한 일들이 날 기다리고 있을지 궁금해진다.

아마도 많은 밀실작업들이 이와 같을 것이다. 뭐 그리 신이 날 만한 일도 없고, 그저 처리해야 할 서류들만 많을 뿐이다. 그렇지만 반드시 이런 식으로 일해야 하는 것은 아닌데… 우리 부서의 업무가 이 회사에서 얼마나 중요한 의미를 차지하고 있는지 이들에게 알려줄 수 있는 방법을 찾아내야만 한다. 우리의 업무를 거쳐야만 다른 직원들이 고객을 도울 수 있다는 것을 어떻게 가르쳐 줘야 할까?

회사 전체적으로 볼 때 우리 부서의 업무는 사실 결정적인 역할을 하고 있다. 그럼에도 불구하고, 겉으로 드러나지 않기 때문에 외부에서 우리 업무를 그저 당연하게 여기는 것 또한 현실이다. 게다가 우리 부서는 보이지 않는 부분을 담당하고 있기 때문에 일을 망쳐 놓지 않는 한 회사의 레이더망에 쉽사리 포착되지도 않을 것이다. 그런데도 지금 우리 부서가 도마 위에 오르는 것은 그들이 너무나 일을 못하고 있기 때문이다.

우리 부서 사람들 중에 일을 사랑하기 때문에 이곳에 온 사람은 아무도 없다. 경제적인 어려움을 겪고 있는 사람도 나 하나만이 아니다. 여러 명의 직원들이 혼자서 아이들을 기르고 있다. 잭은 편찮으신 아버지를 모시고 있고, 바니 부부는 두 명의 손자들과 함께 살고 있다. 우리가 이곳에 있는 가장 큰 세 가지 이유는 다름 아닌 월급, 안정, 그리고 연금을 비롯한 각종 혜택들이다.

제인은 자신이 써 놓은 마지막 문장에 대해 생각해 보았다. 밀실 작업은 언제나 평생직으로 여겨져 왔다. 임금은 적당했고, 안정된 직업이었기 때문이다. 직원들의 자리가 줄지어 있는 사무실을 유리창 너머로 바라보면서, 그녀는 몇 개의 질문들을 형식화시켰다.

"우리 직원들이 그렇게도 중요하게 여기는 '안정'이 어쩌면 환상에 불과할 수도 있다는 걸 알고 있을까? 시장의 힘이 산업을 재구성하고 있다는 것을 그들은 어느 정도나 깨닫고 있을까? 급격히 통합되고 있는 금융시장에서 경쟁하기 위해 우리 모두가 변해야 한다는 것을, 그리고 변화하지 않으면 결국엔 다른 직장을 찾아 헤매는 자신을 발견하게 되리라는 것을, 과연 그들은 알고 있을까?”

하지만 그녀는 이 질문들에 대한 대답을 이미 알고 있었다. “아니오, 아니오, 아니오, 아니오…” 직원들은 너무 오랫동안 밀실에 방치되어 자신들의 방식에 이미 고착되어 있었던 것이다. 그들은 그저 주어진 서류들을 작성할 뿐이고, 바라는 것이라고는 오직 자신에게 어떤 변화를 요구하는 파도가 들이닥치기 전에 정년퇴임을 하는 것이다. ‘그래, 그렇다면 나는 어떻지? 나는 그들과 얼마나, 어떻게 다른 거지?’

불현듯, 요란한 전화벨 소리가 그녀를 다시 현실로 불러냈다.

통화 직후 한 시간 가량은 소위 '불 끄는 작업'을 하느라 순식간에 지나가 버렸다. 첫 번째 소방 작업은 중요한 고객 파일이 분실되었는데 그 파일이 마지막으로 있었던 곳이 3층이라는 소문에 대한 처리였다. 그 일이 끝나자마자 다른 부서의 직원 한 명이 3층에서 업무처리가 계속 늦어지는 것을 참다못해 직접 올라와서는 한바탕 소란을 피웠다. 이상하게 들릴지 몰라도, 그나마 이 사건으로 인해 무섭도록 적막한 3층에 뜻밖의 활기가 도는 것 같았다. 소란스런 바람이 채 가시기도 전에 법률 부서에서 온 전화가 연달아 세 번이나 끊어졌다. 결국 병가로 쉬고 있는 여러 직원들 중 한 사람이 오늘까지 제출해야 할 중요한 프로젝트에 관한 서류를 잊어버렸다는 사실이 드러났다.

오전 중에 일어난 급한 불들을 모두 끄고 나서야 '소방관 제인'은 도시락을 들고 3층을 벗어나는 문으로 터벅터벅 걸어갔다.

5주 전부터 메리 제인은 점심시간이면 회사 밖으로 나가기 시작했다. 그녀는 회사 식당에서 점심을 먹는 직원들이 언제나처럼 회사에 대해 수군거리고, 또 3층 부서에 대해 불평과 한탄을 늘어놓고 있으리라는 것을 잘 알고 있었다. 불만을 듣는 것은 이제 그녀에게는 일상이 되어버렸다. 이 사실이 그녀에게 항상 우울한 그림자를 드리웠다. 점심시간 동안만이라도 신선한 공기가 필요했다.

제인은 주로 부둣가에서 점심을 먹었다. 거기서 그녀는 베이글을 씹으며 바다를 바라보거나, 작은 상점들 앞에 옹기종기 모여 있는 여행객들을 물끄러미 응시하기도 했다. 평화로운 광경과 퓨젓 사운드(워싱턴주 북서부의 만)의 바다 내음은 사무실에서 벗어나 평화를 되찾을 수 있는 그녀의 유일한 시간이었다.

점심식사를 마치고 사무실로 들어선 그녀가 자기 책상의 전화가 울리는 소리를 어렴풋이 들은 것은 자신의 방을 막 지나쳤을

때였다. '탁아소에서 온 전화일 수도 있어. 아침에 스테이시에게 감기 기운이 있던데…' 그녀는 자신의 방으로 뛰어와 네 번째 울리고 있는 수화기를 급히 집어들었다.

"메리 제인 라미레즈입니다", 숨을 가다듬으며 그녀가 말했다.

"제인, 나 빌이오."

'이런, 이번엔 또 뭐지?', 아직 익숙치 않은 새 상사의 목소리를 들으며 그녀는 생각했다.

빌은 제인이 3층 부서로의 발령을 망설이게 한 또 하나의 이유였다. 그는 이 회사 전체에서 재수 없는 상사로 평판이 나 있었다. 그녀가 보기에도 이런 악평은 당연해 보였다. 그는 늘 명령조로 업무지시를 내리는가 하면, 다른 사람의 말을 도중에서 끊어버리기 일쑤였다. 게다가 프로젝트의 진행에 대해서는 권위적인 아버지처럼 사사건건 간섭하는 짜증스러운 습관을 가지고 있었다. 예를 들어, "제인 씨, 프로젝트를 미루고 있는 건 아니겠죠?", "일이 막힘없이 잘 진행되고 있다고 믿어도 됩니까?"라는 등, 그의 말투는 마치 아무 것도 모르는 어린애를 다루는 듯한 느낌이 들었다. 이 같은 그의 태도는 모든 직원들에게 심한 거부감을 불러일으켰다. 제인은 지난 2년 동안 세 번째로 이 부서의 부장직을 맡게 된 사람이었고, 그녀는 이제 책임자가 그토록 자주 바뀌어야 했던 이유가 단지 이 부서에서 일하는 직원들만의 문제가 아니라는 것을 이해하기 시작했다. 빌 또한 커다란 문제였던 것이다.

"오전 내내 회의를 하고 지금 방금 나왔어요. 오늘 오후에 좀 만났으면 좋겠소."

"네, 그렇게 하겠습니다. 그런데… 무슨 문제라도 있나요?"

"윗분들은 시장 상황이 어려우니 만큼 회사가 살아남기 위해서는 전 직원이 최선을 다해야 한다고 굳게 믿고 있어요. 지금 직원들의 생산성을 높이기 위해서 어떤 변화를 주어야겠다고 하더군요. 그러다 보니 변화에 걸림돌이 되는 몇몇 부서들에 대해 이야기하게 됐소. 일부 문제되는 사람들의 사기와 에너지가 너무 형편없어서 다른 사람들의 열정까지 끌어내리고 있다고 하더군요."

불안감이 그녀의 마음을 짓누르기 시작했다.

"회장님이 '활기차고 열정적인 기업 정신, 어떻게 북돋울 것인가?' 세미나에 다녀오셔서 그런지 열정이 아주 대단해요. 난 회장님이 3층 부서를 지목한 건 공평하지 못한 처사라고 생각하지만, 어쨌건 그분은 3층 부서가 이 회사의 가장 큰 문제라고 믿고 있는 것 같소."

"3층 부서를 지목했다구요?"

"지목 당한 건 둘째 치고, 3층만 부르는 별명까지 지었더라구요. 어떤 건지 상상이나 갑니까? '유독성 폐기물'이라고 부르시더군요."

"'유독성 폐기물'이라구요?"

회장님의 표정이 다시 떠오르는지 빌은 깊게 가라앉은 절망적인 목소리로 말을 이었다.

"아니, 내가 담당하는 부서가 '유독성 폐기물'이라고! 난 정말 이 상황을 믿을 수가 없소! 정말로 용납할 수가 없어! 도대체가 낯을 들 수가 없네!"

'유독성 폐기물…' 순간, 그녀의 머릿속으로 하치장에 내팽개쳐진 폐기물 더미들이 스쳐 지나갔다.

"그래요. 그리고 회장님께서 저를 보고 '당신은 대체 무엇을 하고 있냐'며 나를 질책했소. 어쩔 수 없이 나도 회장님과 같은 생각을 한다고 말했고, 문제를 해결해 보고자 당신을 이 부서 책임자로 데려왔다고 했소. 회장님은 이 일의 진척 상황에 대해 보고를 받고 싶다고 했네. 그래서 말인데, 이 문제, 아직도 해결하지 못했소?"

울컥, 가슴속에서 외마디 소리가 튀어나왔다. '문제를 아직도 해결 못했냐고?! 여기서 일한 지 이제 겨우 5주가 지났는데?' 하지만 그녀는 작은 목소리로 "아직은요"라고 대답했을 뿐이다.

"그렇다면 좀 서둘러야겠네, 메리 제인. 당신이 관리 부서를 위해 어떤 계획도 가지고 있지 않다면 내가 좀 알아야겠소. 그래서 하루빨리 그들에게 새로운 변화를 일으켜야 해요. 회장님은 우리 모두가 일하는 데 있어서 더 많은 에너지와 열정과 활력이 필요하다고 절대적으로 확신하고 있어요. 하지만 왜 3층 부서에 에너지와 열정이 필요한지 모르겠소. 솔직히 개인적으로 난 관리부서 사무원들로부터 그렇게 많은 것을 기대한 적이 없어요. 회장님은 아마도 3층이 너무나 오랫동안 회사 전체의 비난거리였기 때문에, 3층만 달라진다면 회사의 모든 문제가 해결된다고 생각하는 것 같은데. 자, 그래서 몇 시에 만날까요?"

"두 시쯤 어떠십니까?"

"두 시 반! 괜찮소?"

"그러죠."

빌은 그녀의 목소리에서 짜증스러움을 들은 것이 분명했다. "너무 기분 나빠 하지 말아요, 메리 제인. 그냥 하던 일을 평소처럼 하세요."

'정말이지 힘든 사람이야' 수화기를 내려놓으며 그녀는 생각했다. '기분 나빠 하지 말라고? 우리 부서 상태가 정말 심각한 문제인 건 사실이야. 하지만 그게 사실이라 하더라도 이런 식의 비유

는 정말 불쾌하군.'

일상으로부터의 탈출

그녀는 빌과 미팅을 갖기 전에 잠시 신중하게 생각을 정리해야 한다고 느꼈다. 오늘 두 번째로 엘리베이터를 향해 걸어가면서 그녀의 머릿속은 불길에 휩싸여 있는 듯했다. 언제나처럼 부두로 가기 위한 언덕길로 향하는 대신, 그녀는 충동적으로 정반대 방향인 일 번가 오른쪽으로 몸을 돌렸다. 좀 더 긴 산책이 필요할 것 같은 생각 때문이었다. 그녀의 머릿속에서는 '유독성 폐기물'이라는 말이 끊임없이 울리고 있었다.

'유독성 폐기물!' 다음은 뭐지?

일 번가를 따라 내려가는 발걸음이 다소 안정을 찾으며, 머릿속의 작은 목소리가 또 다른 어조로 이렇게 속삭였다. '일할 의욕을

짓밟아버리는 '유독성 폐기물'처럼 침울한 분위기는 제인 네 스스로도 3층 부서에 대해 느끼는 부분이잖아. 그리고 가장 혐오하는 태도이기도 하지 않니? 그래, 어떤 변화든 실질적인 변화가 필요하긴 해…'

갑자기 긴 머리카락을 휙, 하고 날려버릴 듯한 시원하게 웃음소리가 울려 퍼지며 그녀를 깊은 생각에서 깨웠다. 고개를 든 제인은 놀랍게도 자신의 왼편에 드넓은 시장이 펼쳐져 있음을 알아차렸다. 충동적으로 선택한 산책로가 그동안 메리 제인이 한번도 보지 못했던 이 도시의 새로운 지역으로 그녀를 이끌었던 것이다. 그녀는 이 시장에 대해 들어 본 적은 있지만, 어린 두 아이와의 빠듯한 살림 때문에 이런 특산물 시장에서 장을 보는 일은 거의 없었다. 병원비를 다 갚기까지 검소하게 생활해야 했기에 이런 곳에는 아예 오지 않는 쪽을 택했던 것이다.

신선함과 새로운 호기심에 이끌린 제인은 파이크 플레이스Pike Place라는 이름의 거리를 따라 시장 안쪽으로 걸어 들어갔다. 잠시 후 그녀는 시장 초입에 있는 한 작은 생선가게 주위에 잘 차려 입은 사람들이 무리지어 있는 걸 볼 수 있었다. 뭐가 그리 즐거운지 모두들 한바탕 큰 소리로 웃고 있었다. 무슨 일인지 궁금하기도 했지만 그녀는 현재 자신이 처해 있는 심각한 상황을 되새기며 일부러 그 생선가게를 지나쳤다. 그러나 곧 마음속 목소리가 이렇게 속삭였다. "제인, 지금 너는 심각하게 고민을 하는 것보다 기분 좋게 실컷 웃는 게 더 필요해."

'도대체 무엇을 하길래 저 사람들은 행복하게 웃고 있는 걸까?' 그녀는 발길을 돌려 다시 그 가게로 가까이 다가갔다. 바로 그 순간, 생선상인들 중 한 사람이 가슴이 뻥 뚫릴 듯 화끈한 목소리로 이렇게 소리쳤다. "안녕들하세요! 요구르트 드시는 분들!" 그러자 그 앞에 모여 있던 사람들이 모두 축배라도 드는 것처럼 손에 들고 있던 요구르트 컵을 일제히 공중에 높이 치켜 올렸다. '세상에, 대체 이게 무슨 일이야?'

세계적인 파이크 플레이스 어시장

'방금 생선이 공중으로 날아간 건가?' 그녀는 자신의 눈이 방금 무엇을 보았는지 의심스러웠다. 그러고 나서 바로 다시 한번 그녀는 똑같은 광경을 목격할 수 있었다. 상인들 중 한 명이—모든 상인들은 검은 고무 장화와 흰 앞치마를 입고 있었기 때문에 쉽게 알아볼 수 있었다—큼직한 생선 한 마리를 들어올리더니 20피트 정도 떨어져 있는 카운터로 던지면서 이렇게 외쳤다. "연어 한 마리 미네소타로 날아갑니다!" 그러자 다른 상인들 모두가 똑같이 우렁찬 목소리로 반복했다. "연어 한 마리 미네소타로 날아갑니다!" 그와 동시에 커다란 연어는 포물선을 그리며 활강하듯 반대편 카운터로 휙 날아갔다. 그러자 카운터에 있는 한 남자가 믿을 수 없을 정도로 능숙하게, 그것도 한 손으로 연어를 잡고 나서는 박수를 보내는 사람들을 향해 허리를 굽혀 인사했다. 무슨 일을 하고 있는 건지는 알 수 없었지만 이곳의 에너지는 남달랐다.

연어 한 마리
미네소타로 날아갑니다.
연어 한 마리~
미네소타로 날아갑니다.

모두들 바다의 표면을 박차고 뛰어 오르는 생동감 넘치는 싱싱한 물고기처럼 보였다.

그녀의 오른쪽에서는 상인 한 명이 커다란 생선의 입을 벌렸다 오므렸다 하며 마치 생선이 말을 하는 듯 장난치며 어린 소년을 놀려주고 있었고, 조금 더 나이가 들어 보이는 머리가 희끗희끗한 또 다른 상인은 주위를 걸어 다니며 "질문 받습니다. 생선에 관한 궁금증은 뭐든 풀어드립니다!"라고 외치고 있었다. 계산대 앞에 앉아 있는 젊은이는 게를 가지고 재주를 부리고 있었고, 중간

상인인 듯한 두 사람은 그들이 고른 생선에 대해 상인과 이야기를 나누면서 참을 수 없다는 듯, 유쾌한 폭소를 터뜨리고 있었다. 이곳은 정말이지, '흥겨움' 그 자체였다. 제인은 이 광경을 지켜보며 즐기는 것만으로도 어느새 몸에 쌓인 긴장이 풀어지는 것을 느낄 수 있었다.

그녀는 요구르트 컵을 흔들고 있는 사람들을 바라보며 생각했다. '회사원들이 분명한데… 이 사람들은 설마 점심시간에 생선을 사러 온 걸까, 아니면 이 생동감 넘치는 시장을 구경하러 온 걸까?'

제인은 넋이 나간 채 주위를 살피느라 생선상인들 중 한 사람이 군중 속에서 자신에게 시선을 고정시키고 있다는 사실을 눈치채지 못했다. 그녀의 호기심과 심각한 표정은 오히려 눈에 띄었고, 제인을 바라보던 상인이 그녀에게 다가왔다.

"무슨 문제가 있으세요? 요구르트 안 가지고 오셨어요?"

그녀는 돌아서서 검고 긴 곱슬머리를 가진 잘생긴 젊은 남자를 바라보았다. 그는 얼굴에 환한 미소를 띠고, 그녀를 유심히 바라보고 있었다.

"요구르트는, 가방 속에… 있는데요…" 그녀는 자신의 갈색 가방을 가리키며 말을 더듬었다. "그런데, 저기요… 저는 지금 여기에서 무슨 일이 벌어지고 있는지 도무지 모르겠어요."

"전에 여기 와 본적 있나요?"

"아니요. 전 주로 부둣가에 가서 점심을 먹거든요."

"아하… 맞아요. 바닷가는 평화롭고 고요하니까요. 점심식사를 하기엔 더없이 좋은 장소지요. 거기에 비하면 이곳은 그리 조용한 곳은 못되지요. 아, 그러면 오늘은 왜 여기로 오셨어요?"

그녀는 사실 남자의 말에 집중하기가 쉽지 않았다. 오른쪽에서는 한 상인이 어리둥절하고 우스꽝스러운 표정으로 "생선 사실 분 없어요?"라고 소리치고 있었고, 바로 옆의 상인은 젊은 여인과 요란한 웃음소리를 내며 장난을 치고 있었다. 그 순간, 게 한 마리가 제인의 머리 위로 날아갔다. 그러자 동시에 저편에서, "게 여섯 마리 몬타나로 날아갑니다!" 누군가가 외쳤고, "게 여섯 마리 몬타나로 날아갑니다!" 모든 상인들이 따라서 외쳤다. 더욱 기가 막힌 건, 모직 모자를 쓴 상인 한 사람이 계산대 뒤에 서서 모든 관중이 자신에게 열광을 보내는 듯한 감격스런 표정으로 마음껏 춤을 추고 있는 장면이었다. 그녀 주위의 모든 것이 마치 축제 때 놀이기구를 타는 것 같은, 아니 그보다는 조금 조절된 혼란스러움이 파도처럼 출렁이고 있었다.

그러나 그녀 곁에 서있는 상인은 이 모든 것에 방해 받지 않는 침착함으로 그녀를 계속 쳐다봤다. 그는 친절하게, 그리고 끈기 있게 그녀의 반응을 기다리고 있었다. '세상에나, 이렇게도 정신이 없는데, 이 사람은 진짜 내가 어떤 대답을 할 지 관심 있는 모양이네. 하지만 그렇다고 해서 내 직장 내의 문제를 생전 처음 보는 사람에게 죄다 털어놓지는 못하지. 신중하지 못해 보일 테니까…'

이렇게 다짐했지만… 그녀는 잠시 후 그에게 자신의 고민들을 털어놓기 시작했다.

'로니Lonnie'라는 이름의 남자는 3층 부서에 대한 제인의 이야기를 주의 깊게 들어주었다. 그는 공중에 던져졌던 생선 한 마리가 밧줄에 맞아 그들이 서있는 곳 바로 뒤쪽에 떨어졌을 때에도 눈 하나 꿈쩍하지 않았다. 로니는 정말 그녀의 고민을 진심으로 듣고 있었다.

"자, 저의 '유독성 폐기물'이라는 곳에 대해 어떻게 생각하세요?" 제인은 용기를 가지고 그의 얼굴을 유심히 살피며 말을 걸었다.

"후… 대단한 이야기네요. 나도 꽤 무시무시한 곳에서 일한 적이 여러 번 있었어요. 사실 이 곳도 전에는 상당히 엉망이었지요. 이 시장에서 가장 눈에 띄는 게 뭐라고 느끼나요?"

"살아있는 느낌을 주는 소음! 생동감! 에너지!" 그녀는 주저하지 않고 답했다.

"이런 에너지를 어떻게 생각하나요?"

"좋아요. 신선하구요. 하여튼… 정말 좋아요."

“나도 그래요. 이런 경험을 했으니 이제는 평범한 다른 시장에서는 일하지 못할 것 같아요. 말한 대로, 이 시장도 처음부터 이렇게 시작된 건 아니에요. 여러 해 동안 이곳도 폐기물처럼 방치되고 있었죠. 그렇지만 우린 변화를 주기로 결정했어요. 지금 보시는 풍경들이 바로 그 결과랍니다. 우리가 에너지를 되찾은 방식이 당신의 부서에도 변화를 가져올 수 있을까요?”

“물론이죠! 그거야말로 우리 ‘폐기물들’에게 필요한 거예요.” 그녀가 웃으며 말했다.

“무엇이 이곳을 특별하게 만드는지 알려드리고 싶군요. 누가 알아요, 당신이 여기서 좋은 아이디어를 얻게 될지?”

“하지만, 저희는 재미로 던질 생선도 없어요. 그저 단조롭고 지겨운 일일 따름인 걸요. 우리 대부분은…”

“잠깐만요. 이건 단순히 생선을 던져서 일어나는 현상이 아니에요. 물론 당신의 일은 시장에서 생선을 파는 것과는 전혀 다르죠. 그리고 당신이 직면하고 있는 문제는 상당히 심각하다고 생각해요. 가능하다면 난 당신을 도와주고 싶은데요. 우리가 이 시장을 세계적으로 유명한 곳으로 재탄생시키면서 깨달은 교훈들을 당신의 상황에 적용해 보는 게 어때요? 활기찬 부서로 바뀔 수 있다면, 이 교훈들을 배우는 건 굉장히 가치 있는 일 아닐까요?" 어느새 그녀보다 로니가 더 열정적으로 대화를 주도하고 있었다. 다만, 그녀는 약간의 의문이 생겼다.

"그래요, 물론이죠. … 그런데 왜 저를 이렇게 도와주시는 거죠?"

"음… 당신이 이미 우리 시장 공동체의 일원이 되었기 때문이죠. 내가 처음 여기에 왔을 때 기억이 떠오르는군요. 당신이 지금 보고 느끼는 이곳의 생동감은 정말로 내 삶에 큰 변화를 일으켰답니다. 개인사를 끄집어내서 당신을 지겹게 하고 싶진 않지만, 솔직히 고백하자면 이전의 내 삶은 엉망이었거든요. 파이크 플레이스의 일이 말 그대로 날 구한 거죠. 따분하게 들릴지 몰라도, 난 내가 지금 즐기고 있는 이 삶의 기쁨을 조금이라도 타인과 함께 나누어야 한다고 믿고 있어요. 당신의 고민을 들으니 그동안 내가 느꼈던 책임감을 조금 덜어줄 수 있을 것 같아 무척 반가운 걸요. 내가 짊어지고 있던 숙제가 훨씬 쉬워진 느낌인 걸요. 난 당신이 이곳에서 꼭 필요한 해답들을 찾아낼 수 있을 거라고 확신해요. 우리가 이 엄청난 에너지를 만들어 냈던 것처럼 말이죠."

그가 단호한 어조로 '에너지'라는 말을 했을 때, 또 다시 큼지막한 게 한 마리가 공중을 날았고, 누군가가 텍사스 사투리로 이렇게 외쳤다. "게 다섯 마리 위스콘신으로 날아간당게." 바로 이어서 합창이 메아리쳤다. "게 다섯 마리 위스콘신으로 날아간당게."

"좋아요." 선생님의 칭찬을 받은 초등학생처럼 그녀도 큰 소리로 웃으며 대답했다.

"여기는 확실히 에너지가 넘쳐요. 사무실, 아니 저의 '폐기물 더미'가 축제의 장으로 변화할 수 있다면, 그럴 수만 있다면… 로니, 저를 좀 도와주시겠어요?"

그녀는 그제서야 점심시간이 훌쩍 지났겠다는 생각이 들었다.

아주 빨리 걸어야만 빌과의 약속시간에 겨우 맞출 수 있는 시간
이었다. 아무리 관리자라 하더라도 외출 시간은 체크를 받는 것이
회사의 시스템이었던 것이다.

제인의 당황한 표정을 금세 알아채고, 로니는 그녀를 시장 밖으
로 데려다 주었다. "내일 점심시간에 다시 올 수 있나요? 그리고
내일은 꼭 요구르트 두 개 가지고 오세요."

그녀를 향해 힘차게 손을 흔들어 보인 뒤, 그는 돌아서서 바로
바이킹 재킷을 입은 한 젊은 남자에게 카퍼리버 연어(연어의 한 종
류)와 킹 연어의 차이점에 대해 설명해 주기 시작했다.

두 번째 방문

화요일 점심시간, 그녀는 재빨리 일 번가로 내려가 시장으로 향
했다. 로니는 벌써부터 그녀를 기다리고 있었던 모양이다. 멀리서

그녀가 오는 모습을 보자마자 그는 시끌벅적한 무리들 속에서 빠져 나왔다. 그러고는 오밀조밀하게 모여 있는 상점가들을 지나 한가롭게 느껴지는 시골길 같은 경사로로 그녀를 안내했다.

그는 유리창으로 둘러싸여 퓨젓 사운드와 항구가 한눈에 보이는 방으로 인도했다. "복도 끝에 테이블이 몇 개 있어요." 로니는 제인이 가져온 요구르트를 마시며 대화를 시작했다. 어시장의 하루 일과에 대한 로니의 설명을 듣고 나자, 그녀는 수산물을 파는 일이 상상했던 것보다는 그리 만만한 일이 아니라는 사실을 알게 되었다. 현실을 알고 나니 파이크 플레이스 어시장 사람들의 태도가 더더욱 인상으로 느껴졌다.

"우리 일에는 생각했던 것보다 공통점이 많군요." 매일 어시장에서 이루어지는 자질구레하고 힘겨운 작업들에 대한 설명을 듣고 나서 그녀가 말했다.

로니가 반짝 고개를 들었다. "정말 그래요?"

"그럼요. 직원들이 하는 일은 회사 전체적으로 봤을 때에는 중요한 업무이긴 하지만, 너무 반복적이고 평범한 일들이지요. 더욱이 직접적으로 고객을 만나지 않기 때문에 일을 잘해도 아무도 그것을 알아채지 못해요. 반면에 실수나 나타나면 고객은 바로 화를 내고 우리는 어마어마한 비난을 받게 되죠. 솔직히 말해서 우리의 업무는 보람을 느끼기도 힘들고 지루하다고도 할 수 있죠. 로니, 당신이 지금 얘기해 주었듯 어시장의 일도 사실 그리 다양하게 즐길 만한 흥미로운 작업들은 아니잖아요. 그런데도 당신들은 지루한 일을 즐겁게 할 수 있도록 시스템을 만들어 냈어요. 난 그 점이 너무나 매력적으로 느껴져요.”

“어떤 일을 해야만 하는 사람들에게는 그 일이 무엇이든지 간에 지루하게 여겨진다는 사실을 생각해 본적 있나요? 점심시간에 여기 와서 요구르트를 먹는 사람들 중에는 세계곳곳으로 출장을 다니는 사람들도 있어요. 그런 일이 아주 멋지게 여겨질 수 있지만, 그 사람들 말에 의하면 그런 일도 곧 싫증이 난다더군요. 내 생각엔 ‘직업’이라는 특정한 조건 하에서는 아무리 흥미로운 일이라도 흥미를 곧 잃어버릴 수 밖에 없다는 생각이 들어요.”

“맞아요, 동감해요. 제가 십 대 소녀였을 때, 여학생들이 선망하던 직업인 모델 일을 한 적이 있어요. 그런데 시작한 지 한 달 만에 저는 그 일이 너무나 지겹다고 느끼기 시작했죠. 항상 하는 일이 서서 기다리는 것뿐이었으니까요. 아, 또 다른 예가 있어요. 모든 사람들이 매혹적인 직업이라고 여기는 뉴스 아나운서들을 생각해봐요. 저는 얼마 전에 많은 아나운서들이 그저 다른 사람이 써 놓은 대본을 읽는 것 외에는 아무것도 하지 않는다는 사실을 알게 되었죠. 실상을 알고 보니 그것도 지루한 일로 느껴져요. 적어도 나에게는 말이죠.”

“좋아요. 어떤 직업이라도 지겹게 느껴질 수 있다는 데 동의한다면, 정반대로 어떤 직업에도 에너지와 열정을 일으킬 수 있다는 데에도 동의하세요?”

“어떤 직업에도 열정을 일으킬 수 있다구요? 글쎄요… 어떤 의미인지 확실히 와닿지는 않는데요. 구체적으로 좀 설명해 주겠어요?"

"물론이죠. 아주 쉽게 보여줄 수 있어요. 이 시장을 걸어 다니면서 다른 가게들도 쭉 둘러보세요. 그들은 우리와 달라요. 그들은 바로 당신이 사용했던 그 단어… '유독성 폐기물'과도 같아요. 그들이 일하는 모습은 우리 가게를 돋보이게 하는 데 아주 좋죠. 우리 어시장도 예전에는 그 사람들처럼 축 처진 분위기였다고 내가 말했죠? 하지만 우리는 얼마 전에야 비로소 놀라운 사실을 발견하게 되었어요. '비록 당신이 어떤 일을 하는가는 선택의 여지가 없다 하더라도, 당신이 어떤 방법으로 그 일을 할 것인가에는 항상 선택의 여지가 있다'라는 것이죠. 이것이야말로 파이크 플레이스 어시장이 세계적인 곳이 되도록 만들면서 몸소 배운 가장 큰 교훈이랍니다.

'직업을 대하는 태도는 우리가 선택한다!' 어때요?"

메리 제인은 수첩을 꺼내 적기 시작했다.

비록 당신이 '어떤 일을 하는가'에는

선택의 여지가 없다 하더라도,

'어떤 방법으로 그 일을 할 것인가'에는

언제나 선택의 여지가 있다.

그녀는 자기가 방금 적은 말을 잠시 생각해 보고는 이렇게 되물었다.

"왜 어떤 일을 하는가에 있어서는 선택의 여지가 없다는 거죠?"

"좋은 지적이에요. 당신은 언제라도 직장을 그만두고 다른 일을 선택할 수 있죠. 그런 의미에서는 어떤 직업을 선택하느냐에 대한 여지를 분명히 가지고 있지요. 그렇지만 당신이 책임져야 하는 여러 요소들을 고려해볼 때, 직업을 쉽게 바꾼다는 것은 그리 현명한 결정이 아닐 수 있어요. 그리고 다른 직업으로 전환한다는 것은 단순하게 판단할 수 있는 부분이 아니라고 생각해요. 나는 이런 의미로 '선택'이란 단어를 이용한 거예요. 반면에, 당신이 매일 지금 다니는 직장으로 출근하면서 취할 수 있는 태도는 무궁무진하지요."

로니는 그녀의 눈동자를 진지하게 바라보며 이야기를 계속 해나갔다.

"우리 할머니 얘기를 해줄게요. 그분은 언제나 일터에 사랑과 미소를 가지고 오셨어요. 손자들은 모두 부엌에서 할머니를 돕고 싶어했지요. 왜냐하면 할머니와 함께 설거지를 하는 일은 정말 재미있었거든요. 그런 과정 속에서 부엌일로부터 얻을 수 있는 상당한 삶의 지혜들이 전달되었지요. 어린 시절, 할머니와 함께 한 시간들은 우리에게 정말 소중한 선물이었어요. 어른이 된 저는 이제 그 옛날 할머니의 진심을 느낄 수 있어요. 할머니도 설거지 자체를 좋아하지는 않으셨을 겁니다. 단지, 할머니는 그 일을 하는 데 사랑을 담으신 것이었죠. 나아가서 그분의 마음가짐은 다른 사람에게 전염이 되었어요. 그래서 할머니 곁에 있으면 어떤 하찮은 일이어도 즐겁고 재미있게 느껴졌지요.

마찬가지로 나를 비롯하여 이곳에서 함께 일하는 동료들은 매일 우리가 일을 하러 올 때 한 가지 태도를 선택해 가지고 올 수 있다는 깨달음을 얻었죠. 가령, 변덕이 심한 태도를 선택하여 우울한 하루를 보낼 수도 있고, 또는 까다로운 태도를 선택해서는 고객들과 동료들을 짜증스럽게 할 수도 있어요. 반면에 밝고, 즐겁고, 가벼운 태도를 선택한다면 멋진 하루를 보낼 수 있지요. 각자 모두 어떤 종류의 하루를 직장에서 보낼 것인지를 선택할 수 있다는 겁니다. 우리는 이러한 선택에 대해 많은 이야기를 나누었어요. 그리고 우리가 이곳에서 일하는 동안 기왕이면 '제일 좋은 나날'을 만들어 나가자고 결정했죠. 제인, 무슨 말인지 이해하시겠죠?"

"네, 충분히… 이해해요."

"결정을 내린 이후 우리는 이 선택에 큰 기대를 가지게 됐어요. 그러고는 한 걸음 더 나아가서 어디 한번, '세계적으로 유명해져 보자'까지 이르렀습니다. '세계적으로 유명한 시장'에서의 하루가 평범한 시장에서의 하루보다 훨씬 더 즐겁게 일할 수 있는 하루이 니까요. 당신도 저의 생각과 비슷할 것 같은데… 그렇지 않나요? 어떤 의미인지 이해하죠? 사실, 수산시장에서 일하는 건 차갑고, 축축하고, 냄새나고, 질척거리는 힘든 작업이에요. 그렇다 하더라 도, 그런 일을 하는 동안에는 수많은 업무 태도들 중 우리가 취할 수 있는 최상의 태도를 선택했고 기꺼이 행동으로 옮겼죠."

"네, 무슨 뜻인지 알 것 같아요. 그리고 물론, 당신의 의견에 적 극 동의해요. '매일 일터로 가져오는 태도를 선택한다. 그 선택이 일하는 방법을 결정한다. 이곳에서 일하는 동안, 평범하기보다 세 계적으로 유명해지기를 선택하는 것이 어떻겠는가?' 와우! 이렇 게 명쾌할 줄이야!"

"얼핏 생각하면 단순하지만, 그렇게 행동하기까지는 쉽지 않지요. 우리는 이 시장을 하루아침에 이렇게 바꾼 게 아니에요. 거의 일 년이라는 시간이 걸렸죠. 저 자신도 굉장히 어려운 경우였어요. 말씀드리기에 창피하긴 하지만, 저는 불만덩어리에 항상 투덜거리는 사람이었거든요. 제 사생활도 제대로 관리하지 못하는 안 좋은 습관들을 가지고 있었죠. 그야말로 별 생각 없이 살고 있었다고 해도 틀린 말은 아닐 거예요. 살아가는 게 힘들었던 만큼 저도 그렇게 반응했던 거죠. 내 딴에는 삶을 다 알고, 다 이해했다고 믿었으니까요… 시간이 갈수록 사람들은 점점 저를 피하기 시작했어요. 그러던 중에 몇 번의 긴 회의를 거치며 우리의 일터를 뭔가 다른 어시장으로 탈바꿈하기로 결정했을 때, 저는 사실 그 '하루의 선택'이라는 개념 자체를 거부하고 싶었답니다. '하루하루를 어떻게 살 것인가를 스스로 선택하라구?' 하며 시큰둥했죠."

로니는 잠시 고개를 돌려 유리창 밖으로 펼쳐진 유유한 바다의 움직임을 응시했다. 순간 제인은 아무렇지 않은 듯 말하지만 사실은 로니가 자신의 과거에 대해 어렵게 꺼내 놓는 고백일지도 모른다는 생각이 들었다.

로니가 다시 제인을 바라봤을 때, 그의 눈빛은 좀 전보다 더 맑게 정리되어 있었다.

"이해하실 거예요… 저는 너무 오랫동안, 스스로 패자가 되는 방향으로 저 자신을 몰았어요. 그래서 새로운 생활 방식에 대한 필요성을 느끼면서도 비겁하게 회피하고 싶었던 거죠. 그런 갈등에 휩싸여 함께 하기로 결정한 계획에 동참하지 못하고 있을 때 어떤 분이 나를 적극적으로 도와주기 시작했어요. 지금도 시장에 계신 분인데, 어느 날 나에게 이야기 좀 하자고 하시더라구요. 나중에 알게 됐지만, 그분의 삶 또한 많은 굴곡과 짙은 아픔을 가지고 있었죠. 그분은 진심을 자꾸 마주하지 않으려는 제게 다가와 차근차근 '자신의 인생을 사랑하는 방법'을 보여주셨답니다. 가끔은 어깃장을 놓기도 하고, 또 가끔은 창피함을 무릅쓰고 내 자신을 드러내는 과정을 통해, 나는 조금씩 변화되기 시작했습니다. 참으로 오랫동안 대화를 나누었지요. 결국, 나는 내 영혼의 깊은 곳까지 탐색을 하기 시작했어요. 그러고는 되든 안 되든 어쨌든 한번 시도해 보기로 결정을 내렸답니다. 한 마디로, 우리 시장 동료들이 함께 내린 선택을 진심으로 받아들여 보기로 한 거죠. 그렇게 시간이 흐르고, 저는 이 작은 '신화'를 확고히 믿는 사람이 되었어요. 우선 저 스스로에게 엄청난 변화가 있었으니까요. 제인, 당신이 제 이야기를 어떻게 이해했는지는 잘 모르겠어요… 하지만 적어도 지금의 저는 어떤 사람이든 '하루를 선택할 수 있다'고 믿고 단 한 번만이라도 실천에 옮겨본다면, 그는 이미 '행복한 삶'으로 향하는 가장 빠른 티켓을 얻은 것과 다름없죠. 난 확실히 알아요. 왜냐하면 저는 삶에 대한 태도를 선택했고 행복한 하루를 보내고 있으니까요."

이야기를 마친 로니가 제인의 약간 의아한 시선을 느꼈을 때에야, 제인은 지금 자신이 이야기 자체보다도 그 이야기를 들려주는 사람에게 더 많은 감동을 받고 있다는 것을 발견했다.

"아, 미안해요. 얘기해 주신 방법을 시도해 볼게요."

제인은 감정을 추스르려 수첩에 시선을 박은 채 다른 질문을 던졌다.

"이 어시장의 성공을 설명할 수 있는 또 다른 요인으로는 어떤 것이 있을까요?"

"네 가지 요소가 있어요. 하지만 지금 얘기한 것이 바로 핵심이죠. 가장 기본적으로 스스로 태도를 선택하는 일을 하지 않는다면 다른 요소들은 모두 시간 낭비일 뿐이거든요. 제인, 혹시 시계를 보고 있나요?"

장난기 가득한 미소를 지으며 로니가 제인의 손목을 가리켰다.

"아무래도 오늘은 여기까지만 해야 할 것 같은데요? 다음 얘기는 다음의 만남을 위해 남겨두는 게 어때요? 오늘은 지금 말씀드린 첫 번째 요소를 가지고 당신의 사무실, 그 적막한 3층으로 돌아가서 어떤 일을 할 수 있을지 한번 계획을 세워보도록 해요. 그리고 나머지 것들에 대해 논할 준비가 되면 전화를 주세요. 우리

가게 전화번호 알고 있나요?”

“가게 곳곳에 써 붙여져 있던걸요!”

“맞아요. 우린 소극적인 장사꾼이 아니니까요, 그렇죠? 그럼 다음에 봐요. 요구르트, 정말 맛이 기가 막히네요.”

점심시간을 맞추려고 빠른 걸음으로 걷는 그녀의 등뒤에서 로니는 그녀를 처음 만났을 때처럼 양쪽 팔을 크게 흔들며 배웅해 주었다. ‘전화해요!’라고 외치는 소리에 뒤를 돌아본 제인은 로니의 흔들리는 한쪽 손안에 빈 요구르트 병이 장난감처럼 쥐여 있는 것을 볼 수 있었다. 그는 다음 번에도 요구르트를 또 가져오라는 양으로 빈 병을 익살맞게 흔들고 있었다.

변화하기 위한 용기

화요일 만남 이후 이틀 동안, 메리 제인은 전쟁터처럼 예고도 없이 벌어지는 부서의 문제들을 해결하느라 숨가쁜 시간들을 보내야만 했다. 그러나 사실, 그녀의 마음속은 로니와의 대화, 그리고 '일터에서의 태도를 선택한다'는 아이디어로 꽉 차 있었다. 하지만 제인은 어시장의 철학에 동의하면서도 무엇인가 석연치 않은 점들이 느껴졌다. 구체적인 계획안을 수립할 수 없는 이유가 뭘까 고민하다가 문득 한 가지 생각이 그녀의 머리를 스쳐지나갔다. '확신이 서지 않을 땐, 더 많은 정보를 수집하라!'

그녀는 회장님이 참석했었다는 세미나에 대한 정보를 얻기로 결심했다. 그분의 경험에 대해 좀 더 알아보는 것이 현명한 방법일 수도 있다고 판단했기 때문이다. 그녀는 바로 빌에게 전화를 걸었다.

"빌, 지난 주에 회장님이 참석하셨던 세미나에서 무슨 이야기들이 있었는지 좀 알 수 있을까요?"

"그걸로 뭘 하려구요? 요즘 유행하는 뉴 에이지 뭐 그런 거였겠죠. 아마 대부분을 뜨듯한 목욕탕에서 보냈을 걸요. 왜 업무 시간을 그런 데다 낭비하려는 겁니까?"

순간 제인은 화가 치밀어 올랐다. 하지만 숨을 깊이 들이마시고 이내 침착한 목소리로 말했다. "이봐요, 빌… 내가 이 직책을 맡게 되었을 때, 할 일이 엄청나게 많을 거라는 걸 우리 둘 다 잘 알고 있었어요. 지금은 상황이 더 나빠졌고, 우리에게 주어진 시간은 더 짧아졌어요. 당신도 나만큼이나 이 문제에 깊이 개입되어 있잖아요. 그러니 날 도와주시겠어요, 아니면 날 더 힘들게 하겠어요?"

빌은 의외로 침착하게 반응했다. 오히려 이런 도전적인 태도가 그의 마음을 더 편안하게 만든 것 같았다. "좋아요, 좋아, 제인. 그렇게 흥분하지 말고, 회장님께서 제게 들어보라고 주신 카세트 테이프가 지금 내 책상 위에 있어요. 들어보려고 마음은 먹고 있었는데, 도무지 시간을 낼 수 없어서 아직 듣지 못했어요. 당신이 듣고 내게 좀 도움을 주겠어요?"

"좋아요, 빌. 금방 가지러 갈게요."

잊을 수 없는 귀갓길

퇴근길 도로는 차가 꼬리에 꼬리를 물고 대열을 이루는, 엄청난 정체 상태였다. 하지만 눈앞에 쌓여 있는 부서의 문제에 대해 깊이 빠져 있던 제인은 그것조차 느끼지 못했다. '내가 언제부터 자신감을 잃어버렸지?' 그녀는 자신에게 질문을 던졌다. '빌에게 그런 식으로 말을 하다니, 정말 오랜만에 용감하게도 말했네. 정확히 말하자면 딱 2년만에 한 시도이군.' 그녀는 집중하여 기억의 조각들을 다시 맞추기 시작했다. '생각해야 할 것들이 너무 많아…' 감당하기 벅찬 느낌에 그녀는 마음을 돌려 빌에게서 받아온 테이프를 카세트에 넣었다.

스피커에서 낮고 깊게 울리는, 최면을 거는 듯한 목소리가 흘러나왔다. 이 테이프는 한 편의 시처럼 구성되어 있었다. 목소리의 주인공은 자신이 들려주는 언어들을 고스란히 일터로 가지고 간다면, 현재 겪고 있는 문제에 대한 실마리를 찾을 수 있을 거라

고 귀뜸해주고 있었다. 시인의 이름은 데이비드 화이트David Whyte
였다.

회사가 필요로 하는 것들과 직원들이 필요로 하는 것들, 이것들
은 서로에게 동일합니다. 창의성, 열정, 융통성, 성심성의를 다하
는 자세…

"맞아", 그녀는 자신도 모르게 대답했다.

우리는 무더운 여름날 회사 주차장에 차를 대고 창문을 조금
열어놓은 채 사무실로 들어갑니다. 그 이유가 차 안의 열을 식히
기 위한 것이라고들 하지만, 사실 진짜 이유는 우리 자신의 60퍼
센트만 사무실로 들여보내고, 나머지 40퍼센트는 차에 남아서 창
문의 그 작은 틈을 통해 숨을 쉬어야 하기 때문입니다. 만약 우리
자신 전부를 일터로 가져가면 어떻게 될까요?

이 사람, 도대체 누구지? 그는 한 가지의 화제를 제시하고 관련된 이야기를 들려준 다음, 한 편의 시를 낭독했다. 천천히 흘러나오는 이야기들과 시들이 서서히 그녀를 휩쓸고 지나갔다. 시의 한 구절 한 구절이 그녀의 가슴으로 파고 들어오는 듯했다. 그러고 나서, 아무런 예고도 없이 데이비드 화이트가 그의 시 「믿음」을 낭독할 때, 그녀는 감정을 주체할 수가 없었다. 시인은 자신 스스로도 신념을 가지고 있지 못했던 때, 바로 그때, 이 시를 썼다고 소개했다.

믿음   _데이비드 화이트

믿음에 대해 쓸 수만 있다면…

밤마다, 차가운 눈 위로,

어김없이 달이 떠오르는 것처럼.

그 충만함이 사그라들고

서서히 마지막 곡선으로 변해가더라도,

그리고 어둠의 마지막 자락에서 더 이상 은색 빛을

발하지 못하더라도 믿을 수 있는.

그러나 아직, 나에게는 믿음의 빛이 떠오르지 않습니다

아주 작은 틈새조차 보이지 않습니다.

나의 이 짧은 노래가

여린, 이제 막 열리기 시작하는 새로운 달과 같이,

나를 믿음의 길로 인도하는 첫 번째 기도가 되게 하소서…

'준비된 학생 앞에만 스승이 나타난다, 라는 말이 바로 이런 것
이구나.' 순간 데이비드의 시는 메리 제인에게 무엇이 그토록 자
신을 망설이게 하는지 알아볼 수 있는 통찰력을 주었다. 남편의
갑작스런 죽음, 그리고 홀로 남겨진 자신이 부모의 역할을 모두

맡아야 한다는 압박감이 문제였다. 이 무거운 감정들이 세상에서 살아남을 수 있게 하는 자신의 능력에 대한 믿음을 앗아간 것이다. 그녀는 위험을 무릅쓰고 도전했다가 실패할 경우를 두려워하고 있었다. 그녀의 실패는 곧 자신과 두 아이의 삶의 위기를 의미하는 것이기 때문이다.

직장에서 변화를 이끈다는 것은 대단한 위험부담을 안고 있는 시도였다. '우리 부서의 전체적인 변화에 대한 시도가 실패할 경우 직업을 잃을 수도 있어.' 이것은 명백한 가능성이었다. 그녀는 반대로 변화하지 않는 것에 대한 위험부담 또한 고려해 보았다.

'만약 바뀌지 않는다면, 우리 모두 직장을 잃을 수도 있어. 하지만 내게 더 중요한 건 에너지와 생동감이 전혀 느껴지지 않는 곳에서는 일하고 싶지 않다는 거야. 시간이 지날수록 3층의 분위기가 나에게도 어떤 영향을 미칠지 잘 알고 있어. 상상하고 싶지 않은 모습이야. 알면서도 내버려둔다면, 앞으로 난 어떤 모습의 엄마가 될까? 아이들에게 어떤 본보기가 될 수 있을까?

만약 내가 당장 월요일 아침부터 변화하겠다고 마음먹고 그 여정을 시작한다면, 가장 첫 번째 단계는 나의 태도를 선택하는 것이야. 나는 내 신념을 믿겠어. 무슨 일이 있어도 난 해낼 수 있다는 것을 신뢰해야 해. 지금까지 잘해내 왔잖아. 어떤 일이 일어나더라도 난 괜찮을 거야. 지금이야말로 폐기물을 청소할 시간이야. 단지 회사만을 위해서가 아니지. 뭐, 회사에게도 대단히 유익하다고 생각하긴 하지만 말야. 그렇다고 해서 그저 나에게 이 문제를 해결해야 한다는 과제가 주어졌기 때문만도 아니야. 이 두 가지 이유가 매우 중요하긴 하지만, 외적인 문제일 뿐이지. 앞으로 나아갈 수 없게 만드는 진짜 이유는 내 마음속에서부터 시작되는 것 같아. 우선 내 자신에 대한 믿음을 새로이 해야 할 필요가 있어. 이 문제를 해결하는 것이 나의 신념을 세우는 하나의 방법이 될 수 있을 테니, 어쩌면 거꾸로 나를 도와주는 길이 될 수도 있을 것 같아…'

그녀는 테이프에서 들었던 구절들을 되새겨 보았다. "나는 회사가 감옥 같다는 말을 믿지 않습니다. 그렇지만 때때로 우리가 일하는 방법으로 인해서 일터는 감옥이 되어버리곤 합니다. 우리 스스로가 감옥을 만들어 내는 거죠. 그러나 그 감옥의 벽을 이루는 것은 다름 아닌, 바로 나 자신에 대한 신념의 결여입니다."

그녀는 딸 스테이시가 있는 놀이방에 도착해 주차를 하자마자, 일기장을 꺼내 적기 시작했다.

'유독성 폐기물' 속에서 시간을 보내기에는, 깨어 있는 시간의 절반을 그렇게 방치하기에는, 인생은 너무나 소중한 것이다. 나는 결코 그렇게 살고 싶지 않다. 동료들도 자신의 삶을 선택할 수 있다는 사실을 마음 깊이 깨닫는다면 아마 나와 똑같이 느낄 것이다.

너무나 오랫동안 굳어져 온 우리 부서의 문화를 바꾸기 위해서는(성공하리라는 보장이 없다 하더라도) 개인적인 위험부담을 감수해야 할 필요가 있다. 그러나 조금만 다르게 생각해보면 이 과제는 어쩌면 내게 내려진 하나의 축복과 같다. 사실 최근에 내 인생에 일어난 몇 가지 일들은 나 자신에 대한 믿음을 흔들어 놓았다. 동료들을 변화시키고자 시도하는 이 프로그램이 어쩌면 가장 먼저 나의 신념을 새롭게 다질 수 있는 계기를 마련해 줄 수 있을지 모른다. 한 가지 분명한 사실은, 아무것도 하지 않는 것이 무엇인가를 시도하는 것보다 훨씬 위험하다는 것이다.

사무실 가득히 쌓여 있는 서류들 속에, 지금의 나에게 적절한 충고를 던져줄 수 있는 메시지가 어디엔가 분명 있을 것이다. 그 메시지를 찾아내야 한다. 왜냐하면 지금 나는 도움을 받을 수 있는 모든 것이 필요하기 때문이다.

노트를 접고, 그녀는 급히 차에서 내려 딸을 데리러 갔다.

"엄마, 엄마 눈이 빨개요. 울었어요? 무슨 일 있어요?"

"그래, 스테이시… 엄마가 조금 울었단다. 그렇지만 너무 기뻐서 눈물이 나온 거니까 걱정하지 않아도 돼. 엄마에게는 오늘이 굉장히 중요하고 기쁜 날이거든. 스테이시의 하루는 어땠을까?"

"우리 가족을 그림으로 그렸어요. 한번 보실래요?"

"음, 훌륭하신 우리 꼬마 화가께서 제게 친히 작품을 보여주신다면 아주 영광이겠습니다아."

아이는 여태껏 가슴속에 품고 있던 스케치북을 신나게 펼쳐 보였다. 제인은 작은 도화지 안에 다정히 모여 앉아 있는 네 명의 가족을 보고는, 다시 딸아이의 얼굴을 바라보았다. "오, 이런…" 그녀는 가볍게 숨을 들이마시며 생각했다. '또 다른 시험이로구나.'

"자, 빨리 가방을 챙기자. 이제 오빠를 데리러 가야지?"

매주 일요일 오후는 제인 자신만을 위한 시간이었다. 적어도 두 시간은 아이들을 돌봐 줄 사람을 구해 놓았다. 이 시간은 그녀가

83

일주일 동안 고생한 자신에게 베푸는 선물이었고, 이 시간을 통해 그녀는 가족이나 일에 대한 도전을 준비하며 새로운 활력을 얻곤 했다. 눈코 뜰 새 없이 바쁘기만 했던 지난 한 주간 읽지 못했던 자료나 감동을 주는 소설들을 읽기도 했고, 자전거를 타거나, 혹은 커피를 마시며 휴식을 누리기도 했다. 카페가 많은 시애틀에서도 그녀의 집에서 세 블럭 정도 떨어진 곳에 아주 멋진 카페가 있었다. 이번 일요일, 제인은 책 몇 권을 들고 그곳으로 향했다. 코너에 위치한 가장 좋아하는 테이블이 따스한 햇살을 받으며 그녀를 기다리고 있었다.

"저지방 카페라떼 큰 거 하나 주세요." 그녀는 라떼 한 잔을 들고 자리에 앉아 책장을 펼쳤다. 그리고, 이제는 너무 많이 읽어서 낡아 너덜너덜해진 사라 밴 브레스낙Sarah Ban Breathnach의 『단순한 풍요Simple Abundance』이라는 책을 꺼내 들었다. 이 책은 일 년 365일 동안 날짜에 맞춰서 하루 한 장씩 읽을 수 있게 만들어진 책이었다. 2월 8일자 페이지를 펼치자, 단어들이 책 밖으로 뛰쳐

나오는 듯했다.

　우리 대부분은 자신이 예술가라는 사실을 깨닫지 못하고 지내곤 합니다. 그러나 우리는 모두 예술가입니다. 매일 당신이 내리는 순간순간의 선택들이 당신만의 작품을 창조하고 있습니다. 바로 당신만이 할 수 있는 일 말입니다. 당신이 이 세상에 태어난 이유는 당신만의 흔적을 이곳에 남기기 위해서 입니다. 그 작품들이 바로 당신의 '진정한' 모습입니다. 당신의 창의적인 충동을 '존중'하십시오. 신념으로 삶의 걸음을 내딛으십시오. 당신의 '선택'이 진실했었다는 사실을 발견하게 될 겁니다. 그 다음엔, 지금 느끼는 이상으로 당신의 삶이 모든 풍요로움을 누릴 수 있다는 사실을 느낄 것입니다. 마치 기쁨으로 가득한 한 편의 감사의 시처럼…

　그녀는 자연스럽게 회사를 생각하게 되었고, '선택이나 신념'과 같은 단어들이 그녀의 생각을 다시 한번 어시장으로 돌려놓았다.

'파이크 플레이스 상인들이야말로 진짜 예술가들이야. 그들은 하루하루를 자신의 태도를 선택하고 있어. 그렇다면, 난? 난 과연 신념을 가지고 내 삶을 선택하고 있는 걸까? 그래, 나도 내 삶을 스스로 창조하는 진정한 예술가가 될 수 있어.'

그녀는 예전에 참석했던 리더십 세미나 자료 파일을 꺼내보았다. 그 세미나에서 일터를 감옥에 비유하는 것을 들어본 경험이 있었기 때문이다. 파일 속에는 빛 바랜 존 가드너John Gardener 연설문의 복사본이 들어 있었다. 그녀는 존 가드너가 세미나에 참석한 모든 사람들에게 자신의 자료들을 최대한 많은 이들과 나누라고 격려했던 것을 기억했다. '이렇게 오랜 시간이 지난 후에도 내가 이 사람을 기억하고 있는 걸 보면, 그때 당시 대단히 강력한 무언가가 나에게 전달되었음이 분명해.' 그녀는 연설문을 한 장 한 장 살펴보았다.

존 가드너의 글

연설문은 이렇게 시작했다.

왜 어떤 이들은 죽음이 다가온 그날까지 삶의 생기가 넘치는 반면 어떤 이들은 왜 금세 시들어버릴까요? 시든다는 표현이 어쩌면 너무 애매한 표현일지도 모르겠습니다. 아마도 많은 사람들은 어느 시점에 더 이상 배우고 자라는 것을 멈춘다고 말해야 할 것 같습니다.

제인은 생각에 잠겨 고개를 들었다. '우리 부서에 딱 어울리는 표현이네. 내 옛 모습과도…' '내 옛 모습'이라는 표현에서 알 수 있듯이, 그녀는 자신이 새로운 도전을 선택했다는 사실을 생각하며 미소 지었다. 다시 연설문을 읽어 내려가기 시작했다.

왜 많은 어른들이 성장을 멈추어 버리는 걸까요? 우리는 솔직하고 당당하게 이에 대한 해답을 찾아야 합니다. 어쩌면 삶이 우리에게 너무나 힘겨운 문제들을 던져주기 때문일지도 모르죠. 혹은 어떤 사건이 우리의 자존감이나 자신감에 치명적인 상처를 입혀서이기 때문일지도 모릅니다. 또 어쩌면 너무나 오랫동안 그저 앞으로만 내달리다 보니 정작 무엇을 위해 달리고 있었는지를 잊어버렸을 수도 있습니다. 그러나… 그러나 나는, 우리가 얼마나 바쁘고 어려운 일에 처해 있는가에 상관없이, 자신을 돌아봐야 한다고 말하고 싶습니다. 선생님이 학생을 꾸짖듯, 채근하는 것이 아닙니다. 삶은 힘겨운 것이니까요. 때로는 그저 하던 일을 계속하는 것마저도 용기 있는 행동처럼 느껴지기도 합니다.

그러나 우리는 현실을 있는 그대로 바라보아야 합니다. 세상의 수많은 직장인들이 스스로 느끼고 있는 것보다 훨씬 더 정체되어 있다는 사실, 그리고 스스로 인정할 수 없을 만큼 권태로움에 빠져 있다는 사실을 말입니다. 어떤 작가는 이렇게 말했습니다. "어떤 사람들의 시계는, 그들의 인생 어느 한 시점에 멈춰버리고 만다."

여러분들처럼 나 또한, 많은 사람들이 그들의 인생을 헤쳐나가는 순간을 보아왔습니다. "단지 진지하게 관찰을 하는 것만으로도 많은 것을 배울 수 있다"라는 요기 베라Yogi Berra의 견해처럼 말이죠. 나는 대부분의 사람들이 인생의 시기나 나이에 관계없이 배우고 성장하는 것을 좋아한다고 확신합니다. 만약 당신이 활기와 생명력을 잃고 시들어 버릴 수 있다는 위험을 느낀다면, 지금 바로 어떤 변화를 시도해야 합니다. 만일 당신의 시계가 멈추었다면, 다시 태엽을 감으면 됩니다.

저는 여러분이 스스로는 깨닫지 못하는 당신만의 잠재력을 알고 있습니다. 당신의 내면에는 지금까지 개발되었던 그 이상의 자원이, 지금까지 사용되었던 그 이상의 재능이, 지금까지 단련되었던 그 이상의 힘이, 그리고 당신이 지금까지 발견했던 그 이상의 능력이 내재되어 있습니다.

‘내가 존 가드너를 기억하는 게 이상한 일은 아니군. 자신의 신념을 일깨우고, 자신감을 회복하는 것은 변화를 위한 가장 기본적인 준비인 것 같아. 그래, 내 주위에도 다시 태엽을 감아줘야 할 시계들이 많이 있지. 하지만 무엇보다 먼저 내 시계의 태엽을 감아야 해.’

한 시간 남짓, 제인은 일기장을 꺼내 앞으로 해야 할 일들을 정리했다. 이것만으로도 혼란스러웠던 마음에 안정과 평화로움이 되찾아와 한결 홀가분해졌다. 마음을 정리하면 곧 행동이 정리된다는 말이 새삼 떠올랐다. 그녀는 자신이 일기장에 써놓은 내용을 한번 더 읽으며 월요일 아침 회의 시간에 도움이 될 만한 부분에 표시해 놓았다.

‘유독성 폐기물’이라는 문제를 해결하려면, 난 모든 의미에서 진정한 리더가 되어야 한다. 나는 실패할 수 있다는 위험부담을 감수할 것이다. 안전한 포구는 없다. 하지만 아무것도 하지 않는다면, 그것이야말로 확실하고 명백한 실패이다. 시작하고 보자. 이 도전의 첫 단계는 '나의 태도를 선택'하는 것이다. 나는 자신감, 확신, 그리고 믿음을 선택한다. 나는 내 시계의 태엽을 다시 감을 것이다. 그리고 '유독성 폐기물'을 정화하는 데에 어시장에서 배운 교훈들을 온전히 활용할 것이다. 이 작업은 나에게 배움과 성장을 줄 것이고, 나는 맘껏 즐길 것이다.

월요일 아침

새벽 5시 30분, 딸 스테이시의 놀이방 앞에서 문이 열리기를 기다리며, 제인은 잠시 죄책감으로 마음이 아팠다. 드문 일이긴 하지만, 오늘 같이 이른 시간에는 아들 브래드도 스쿨버스가 올 때까지 어린 동생의 놀이방에서 기다리곤 했다. 졸린 눈의 아이들을 내려다보며 그녀가 말했다. "얘들아, 엄마가 너희들을 이렇게 일

찍 깨우는 일은 별로 없지? 오늘은 엄마가 아주 아주 중요한 프로
젝트를 준비해야 해서 사무실에 일찍 나가봐야 한단다.”

브래드가 하품을 참으려고 애쓰며 위로했다. “괜찮아요, 엄마.”
그러자 스테이시도 한마디 거들었다. “유치원에 일등으로 도착하
는 것도 재미있어요. 비디오 게임을 제일 먼저 고를 수 있거든요!”

문이 열리자, 제인은 아이들을 한 번씩 꼭 안아주고 선생님에게
부탁의 말을 전했다. 그녀가 떨어지지 않는 발걸음을 내딛다가 못
내 뒤를 돌아다보았을 때, 아이들은 벌써 자신의 할 일을 찾느라
분주했다.

5시 55분, 수월한 출근 길이었다. 그녀는 뜨거운 커피 한잔과
노트를 앞에 놓고 책상에 앉았다. 그리고 펜을 꺼내 큰 글씨로 적
어 나갔다.

FiSH!

나의 하루 선택하기

- 회의를 소집하고 마음으로부터 우러나오는 진실된 이야기를 할 것
- 모든 직원들이 '삶의 태도를 선택한다'는 개념을 이해할 수 있도록 메시지를 찾을 것. 각자 스스로 이 개념을 적용시킬 수 있는, 그리고 행동으로 옮길 수 있는 자신만의 방법에 대해 토의할 것
- 동기부여를 할 것
- 신념을 가지고 밀고 나갈 것

그녀는 시계를 바라보았다. '어려운 시간이 다가오는군. 도대체 어떤 메시지로 시작을 해야 하나?' 월요일 아침마다, 그녀의 부서는 두 그룹으로 나누어 서로 교대하는 방식으로 회의를 가졌다. 한 그룹이 회의실에서 그녀와 회의를 하는 동안, 다른 그룹은 사무실에서 전화를 받고 업무를 처리했다. 첫 번째 그룹이 모였을 때, 그녀는 팀원들이 서로의 가족에 대해, 그리고 월요일 아침에 대해 불평하는 소리를 들었다. '모두 좋은 친구들이야.' 그녀는 스

스로 용기를 북돋우며 생각했다. 그녀가 인사를 건네자 회의실은
점차 조용해졌고 직원들이 주의를 기울이기 시작했다. 제인의 심
장이 쿵쾅거리기 시작했다. '자, 한번 해보는 거야.'

메리 제인의 프레젠테이션

"오늘은 우리는 심각한 문제에 대해 의논하려고 합니다. 2주 전
쯤, 회장님께서 한 세미나에 다녀오셨습니다. 그리고 간부회의를
통해 우리 제일금융에 더 많은 에너지와 열정이 필요하다는 말씀
을 하셨어요. 하루가 다르게 변하는 오늘날의 기업 현실 속에서,
우리 회사가 경쟁력을 키우기 위해서는 생산성, 성공적인 인력 채
용, 장기적인 보존, 그리고 탁월한 고객 관리라는 요소들이 필요
합니다. 그리고 이런 요소들은 바로 사원들의 에너지와 의욕에서
시작된다고 회장님은 확신하고 있습니다. 어쨌든 며칠 전에 소집

된 이사회의에서는 직접적으로 우리 부서에 대해 언급이 있었습니다. 회장님의 견해를 어떻게 생각할지 모르겠지만, 그분은 우리 부서를 '유독성 폐기물'이라고 불렀다고 합니다. 그래요, 그분은 우리를 '유독성 폐기물'이라고 불렀고, 우리 부서에는 획기적인 변화가 절실하다고 말씀하셨어요."

메리 제인은 놀람과 황당함으로 일그러진 표정들을 바라보았다. 오랫동안 이곳에서 근무해 온 아담으로부터 바로 반응이 튀어나왔다. "그 사람들한테 이 일을 한번 해보라고 하시지요? 정말이지, 전세계에서 가장 따분한 업무라구요."

웅성거리는 직원들 사이에서, 늘 지쳐 있는 표정을 하고 있는 낯익은 한 직원이 호소했다. "이곳에 변화가 필요하다구요? 우린 주어진 업무를 다 해내고 있지 않나요? 뭐가 더 필요하죠?"

많은 이들이 불만을 토로하는 가운데서도, 부서에 활기와 생동감이 없다는 비난에 대해서 이의를 제기한 사람은 아무도 없었다.

호흡을 가다듬은 뒤, 제인이 말을 이어갔다. "중요한 것은 여기에 속한 우리들 중 그 누구도 '우리 부서는 활기가 넘치는 곳이야'라고 자신하지 못한다는 사실입니다. 이 문제가 저절로 사라지지 않는다는 것을 여러분이 깨닫길 바래요. 회장님의 지적이 일시적일 수는 있어요. 그리고 우리의 리더인 빌도 시간이 지나면서 이 문제에 대해 잊을 수 있지요. 그렇지만 난 그럴 수가 없습니다. 그래요, 저는 회장님의 의견에 전적으로 동의해요. 우리는 그야말로 '유독성 폐기물'이에요. 여러분도 느끼실 겁니다. 회사의 다른 부서들은 우리와 관련되는 것을 싫어해요. 사람들은 우리를 '형편없이 썩어가는 구덩이'라고 부르며, 점심시간에 우리 부서에 대한 안 좋은 농담을 주고받아요. 복도에서 만나면 우리 얘기를 하면서 웃기까지 하죠. 나도 그렇고, 여러분들도 이런 평판에 대해 화가 날 거예요. 하지만 우리는 객관적으로 현실을 바라볼 수 있어야 합니다. 솔직히, 우리 자신들도 여기에 오는 걸 혐오하지 않습니까. 심지어는 우리 자신들도 이곳을 '구덩이'라고 부르고 있지 않나요?

난 우리가 이것을 바꾸어야 한다고 믿고, 그리고 바꿀 수 있다고도
확신해요. 왜 그래야 하는지 여러분이 느낄 수 있기를 바랍니다."

놀란 표정들이 이제는 어리둥절한 표정으로 바뀌었다. 사무실
은 쥐 죽은 듯 고요했다.

"여러분은 모두 내 이야기를 알 거예요. 남편과 내가 3년 전에
어린 두 아이들을 데리고, 꿈과 희망을 안고 이 도시로 이사를 왔
다는 것… 그리고 갑작스런 남편이 죽은 뒤 홀로 남겨졌다는 사실
도 말입니다. 그리고 남편의 병원비 때문에, 지금 재정적으로 어
려운 상황에 처해있다는 것도 여러분들은 알고 있을 겁니다. 그러
나 여러분이 알지 못하는 사실이 있습니다. 이 모든 일들이 저에
게 어떤 영향을 미쳤는가 하는 부분이죠. 여러분 중에도 혼자서
아이를 키우시는 분이 계시고 하니, 제가 무슨 얘기를 하는지 충
분히 이해할 수 있으리라 생각합니다. 난 일자리가 필요했고, 급
박한 상황에 떠밀려 자신감도 잃어버렸지요. 난 그저 흘러가는 대

로 따라갔어요. 저 자신의 안정을 위협할 수 있을 법한 그 어떤 일도 시도하지 않은 채로… 하지만 그렇게 흘러가는 대로 제 자신을 방치해 두었기 때문에, 현재 저의 위치가 위태롭게 되었다는 사실이 좀 우습기도 하군요. 하지만 지금부터 저는 제 삶을 스스로 선택하기로 했답니다. 이제 상황에 맞추어 적당히 소극적으로 살아가는, 그런 시절은 다 지나갔어요."

어느새 회의실에는 침착한 안정이, 그리고 다소 고요한 긴장이 감돌았다.

"자, 이것이 오늘 회의의 핵심입니다. 난 여전히 우리 일터가 필요해요. 그렇지만 남은 직장생활을 '유독성 폐기물' 속에서 보내고 싶지는 않아요. 제 남편이 예전에 해주었던 말이 기억나는군요. '나이가 들어 은퇴할 때까지 그냥 흘려보내기에 우리의 인생은 너무나 소중하다.' 하루의 거의 대부분을 일터에서 보내는 데도 불구하고 우린 너무나 많은 시간을 낭비하며 방치했어요. 난 우리가 이곳을 더 나은 일터로 만들 수 있다고 생각해요. 어때요?"

동료들의 표정에 짙은 의문이 떠올랐다.

"'어떻게?' 하고 질문하고 싶겠죠? 자, 이제 좋은 소식을 알려드릴게요. 얼마 전에 저는 세계적으로 유명한 기업에서 곳에서 일하는, 직장 내 에너지에 관해서는 최고의 컨설턴트라 할 수 있는 분을 알게 되었어요. 여러분들도 이 분을 곧 만나게 될 거예요. 오늘 저는 그로부터 들은 첫 번째 조언을 여러분께 말씀드리고 싶습니다. '우리는 삶에 대한 태도를 선택한다!'"

메리 제인은 계속해서 '삶의 태도를 선택'한다는 개념을 설명했다. 그러고는 직원들에게 궁금한 점을 물어보도록 했다. 스티브가 손을 들어 질문을 시작했다. "만약 제가 운전을 하고 있는데 어떤 바보 같은 인간이 제 앞으로 끼어 든다고 생각해 보세요. 그 일이 저를 화나게 만들 수 있고, 그래서 저는 경적을 울리거나 심지어는 욕설을 퍼부을 수도 있어요. 그렇다면 선택이 무슨 소용이죠? 그건 내가 저지른 일이 아니고, 다른 사람이 나에게 일방적으로 가한 행동이잖아요. 저에겐 선택의 여지가 없는 것 아닌가요?”

“스티브, 질문에 답하기 전에 제가 한 가지 물어볼게요. 당신이 만약 슬럼가 같은 험악한 동네에서 운전하고 있었다면, 욕설과 같은 기분 나쁜 표현을 했을까요?”

스티브가 겸연쩍은 미소를 지었다. “물론 아니죠. 그렇게 했다가는 한 대 맞게요?”

“그럼 스티브, 위험한 동네에서는 태도를 선택할 수 있지만, 보통 지역에서는 선택의 여지가 없다는 말인가요?”

“알겠어요, 메리 제인. 무슨 말인지 이해가 가네요.”

“스티브, 아주 적절한 질문을 해주어 고마워요. 우리는 다른 사람들이 운전하는 방법을 조종할 수는 없어요. 그렇지만 상대방의 운전에 우리가 어떻게 반응할지는 선택할 수 있죠. 제일보증, 이곳에서 사실 우리는 큰 프로젝트를 제안하고 고객을 직접 대하는 일과는 별 관련이 없는 업무를 맡고 있지요. 그렇지만 일단 우리에게 주어진 그 업무에 어떤 방식으로 접근할 것인가에 대해서는 선택의 여지가 충분하지요. 난 여러분 모두가 '스스로 삶의 태도를 선택한다'라는 개념을 우리의 일터에 실제로 어떻게 적용시킬 것이며, 그리고 우리의 선택을 상기시켜줄 수 있는 요소가 무엇인지를 찾아내 함께 고민하고 토론할 수 있기를 바랍니다. 우리의 직장생활이, 그리고 우리의 남은 삶이 모두 여기에 달려 있습니다."

두 번째 회의도 처음 시간과 동일하게 이루어졌다. 두 번째 그룹에서 아무도 질문을 하지 않자 제인은 첫 번째 그룹에서 제기되었던 스티브의 질문을 인용했다. 아침 10시 30분, 거의 두 시간이 넘도록 진행된 회의로 인해 힘이 빠진 상태였지만, 그녀 스스로도 오늘의 회의를 통해 '나의 하루를 선택'했다는 자신감이 솟았다. 그녀의 인생 처음으로 삶을 선택했고, 실천한 기념비적인 날이었다.

일주일이 순식간에 지나가고 있었다. 그녀는 틈틈이 직원들의 책상 사이를 돌아다니며, '자신의 태도를 선택'하는 개념에 대해 직원들과 함께 토론할 수 있도록 신경을 썼다. 스티브를 마주쳤을 때, 그는 이렇게 말했다. "와, 제인, 당신때문에 회의 시간에 꼼짝도 못했어요."

"당신에게 창피를 주려는 건 아니었어요."

"알고 있어요, 메리 제인. 오히려 전 고맙게 생각해요. 사실 요 며칠 간 제 삶은 흥분의 연속이었어요. 당신 덕분에 하루하루 나 스스로 취할 수 있는 중요한 선택들이 있다는 사실을 알게 되었죠. 그리고 나아가서 내게도 용기와 절제가 조금이라도 있다면 이런 선택들을 할 수 있다는 사실을 일깨워 주었어요."

"용기?"

"요즘 제 상황이 좀 좋지 않거든요. 어떤 결정이든 단호한 판단을 내려야 하는 상황이랍니다. 지금까지 그래왔던 것처럼 어떤 사건에 단순히 반응하며, 내 자신이 피해자라고 느끼는 것은 더 이상 문제를 해결하는 데 도움이 되지 않는다는 걸 깨달았어요. 이제는 어떤 문제에 스스로 다가서야 할 필요를 느껴요. 어떤 문제인지 지금 밝히지 못하는 것이 조금 아쉽지만요… 아무래도 좀 개인적인 일이라서…”

“잘 해봐요, 스티브. 그리고 날 믿고 이야기해 주어서 고마워요.”

“우린 모두 당신을 신뢰하고 있어요, 메리 제인. 그동안 당신이 우리를 가깝게 느끼지 못했다면, 그건 아마도 업무에 너무 지쳐 있는 데다가 또 항상 불평만 듣다 보니 그렇게 된 걸 거예요. 우리 부서는 항상 공격을 받고 있다고 느꼈으니까요. 그리고 만약, 직원들 중 누군가가 변화하기를 거부한다 해도 포기하지 마세요. 전 끝까지 당신을 따르겠어요.”

그녀는 동료들의 뜻밖의 격려가 놀라우면서도 즐거웠다. 직원들이 아직은 세부적인 사항에 대해 본격적인 토론을 하고 있진 않았지만, 좀더 만족스러운 업무 분위기를 만들자는 아이디어에는 적극적인 찬성을 보낸다는 것을 느낄 수 있었다.

그러던 어느 금요일, 드디어 놀라운 일이 벌어졌다.

이른 아침 3층 엘리베이터 문이 열리자 제인은 사무실 입구에서 거대한 포스터와 마주쳤다. 포스터 위쪽에는 이렇게 쓰여 있었다. '당신의 하루를 선택하십시오!' 그리고 가운데에는 '오늘의 선택 메뉴'라는 제목 아래 두 개의 그림이 가지런히 놓여 있었다. 하나는 웃는 얼굴이었고, 또 하나는 찡그린 얼굴이었다. 그녀는 황홀했다. '직원들이 바뀌기 시작하는구나!' 그녀는 로니에게 전화를 걸기 위해 사무실로 달려갔다.

그에게 직원들이 붙여 놓은 포스터에 대해 이야기 해주고 나서, 그녀는 지난번 못 다한 토론을 마칠 것을 제안했다. 로니는 월요일 점심시간이 어떻겠냐고 했지만, 그러나 제인은 다음 주까지 기다리고 싶지 않았다. 그들은 결국 토요일에 제인의 아이들과 함께 만나기로 약속했다.

토요일 _ 어시장에서

   토요일의 시장은 분주했다. 로니가 제인에게 아침 일찍 시장에 올 것을 당부하자, 제인은 바보같이 언제가 가장 이른 시간인지 물어보았다. "그렇게 서두르지는 마세요. 수증기처럼 어디로 날아가지는 않을 테니!" 로니는 호쾌하게 웃으며 시장 일이 새벽 5시에 시작된다고 말해주었다. 약속시간은 아침 8시로 정해졌다.

   제인은 아침 일찍부터 로니와의 만남을 준비했다. 브래드와 스테이시는 집에서 출발할 때만 해도 꼬박꼬박 졸면서 차에 올랐지만 시애틀 시내에 도착해 차를 주차할 무렵에는 저희들끼리 야단이었다. 오랜만의 나들이에 신이 난 아이들은 끝없이 질문했다. "생선들은 어디서 가져와요? 상어도 있어요? 시장에 다른 아이들도 와요?"

   주차를 시키고 나서 제인은 아이들과 함께 파이크 플레이스 거리를 지나 시장으로 향했다. 사람들이 몰려오기 전의 시장은 고요하고 평온했다. 한낮의 시장과는 사뭇 다른 분위기였다. 그녀는 시장 초입, 생선 진열대 옆에 서있는 로니를 금방 발견했다. 생선과 각종 수산물들은 보석처럼 투명한 얼음에 둘러싸여 진열대에 가지런히 정돈되어 있었다. 각기 다른 이름과 가격, 그리고 특징들이 적힌 팻말이 눈에 띄었다. 고급 백화점을 연상시킬 정도로 깔끔한 진열대와 친절한 설명을 담은 안내가 인상적이었다. 그녀는 생선들이 마치 사열을 하고 있는 군인들 같다고 상상했다. 로니는 지금 막 마지막 진열대를 정리하려던 참이었다.

"좋은 아침입니다!" 친근하고 익숙한 미소와 함께 로니가 인사했다. "어? 여기 이 두 꼬마 생선장수들은 누구죠?"

제인이 아이들을 소개했다. 그는 아이들을 반겨주며 말했다. "자, 이제 일을 할 시간이군요, 친구들…"

그러나 그녀가 가방에서 노트를 꺼내자 그는 손을 내저었다. "그런 일 말구요. 난 여기 이 친구들이 날 도와서 생선 진열하는 걸 완성했으면 하는데요.”

“와우! 멋지다!” 브래드가 팔짝 뛰어오르며 외쳤다.

“그런데 어쩌죠… 꼬마 생선장수를 위한 장화는 못 찾았어요. 하지만 여기 앞치마가 있네요! 자, 이걸 두르고 생선 포장하는 일을 시작합시다.”

브래드를 완전히 감싸 안을 만큼 커다란 앞치마를 펼쳐 보이며 로니는 아이처럼 즐거워했다.

로니는 브래드를 데리고 생선창고로 들어갔고, 그동안 제인은 아직 어리둥절한 표정을 짓고 있는 스테이시가 재미를 느낄 수 있도록 생선 진열대 사이를 함께 걸어다녔다. 얼마 후, 로니와 브래드가 생선으로 가득 찬 거대한 수레를 밀면서 창고에서 나왔다. 정확히 표현하자면, 로니가 수레를 밀고 있었고 브래드는 간신히 발을 땅에 붙인 채 손잡이에 거의 매달리다시피 쩔쩔매며 따라오고 있었다.

"엄마! 와, 저 안쪽, 장난 아니에요! 생선이 백만 마리도 더 있는 것 같아요. 그렇죠, 로니? 제가 로니를 도와주기도 했어요!" 로니는 브래드를 향해 활짝 웃으며, 정말 브래드에게 도움을 요청해야만 하겠다는 듯 심각한 표정으로 고개를 끄덕였다. "꼬마 친구, 우리가 이 생선들을 다 진열해야 시장이 문을 열 수 있거든. 날 도와줄 준비가 되었나?"

브래드는 최고의 시간을 보내고 있었다. 브래드가 제 몸보다도 더 큰 참치를 들어올려 로니에게 건네주면, 로니는 그것을 얼음과 함께 포장해서 진열대에 단정하게 올려놓았다. 참치는 거의 브래드만큼이나 컸고, 언뜻 보면 참치가 브래드를 껴안고 있는 것처럼 보였다. 순간, 제인은 카메라를 가져오지 않아서 이 순간을 포착하지 못하는 것이 아쉬웠다.

로니는 마술사처럼 브래드와 일했다. 가끔씩 그는 생선이 자신을 깨무는 시늉을 하거나, 다시 살아나 말을 하는 것처럼 짓궂은 장난을 쳐서 브래드가 정신없이 웃게 만들었다. 진열해야 할 마지막 참치를 두 마리를 로니는 브래드에게 전적으로 맡겼다. 브래드가 눈치채지 못하도록 뒤에서 보이지 않게 생선 들어올리는 것을 도와주면서 말이다.

만약 브래드에게 지금 가장 좋아하는 영웅이action hero 누구냐고 물어본다면, 아마도 로니라고 대답할 것이다.

"자, 이제 엄마가 일할 차례가 왔구나. 제인, 노트를 꺼내 보시겠어요? 바로 브래드가 에너지로 충만한 일터의 두 번째 요소를 당신에게 일러줄 겁니다."

"브래드가요?"

"그럼요, 삶의 태도를 선택한 사람들이 실천해야 하는 두 번째 요소는 아이들이 가장 잘 알고 있어요. 어른들은 점점 나이를 먹으면서, 그리고 점점 더 심각해지면서 그 중요성을 잊어버리죠. 브래드, 학교에서 쉬는 시간에 뭘 하는지 엄마께 말씀드려볼까?"

브래드는 진열대 끝에 매달려 자신을 누르고 있는 참치 위로 얼굴을 돌려 몸을 번쩍 치켜세웠다. 그리곤 거침없이 힘차게 소리 질렀다. "놀아요!"

제인은 노트를 펼쳐 두 번째 실천사항을 필기했다. '놀이!'

문득, 자신이 여기서 처음 보았던 장면을 기억했다. 분명 다 큰 어른들인데, 마치 애들이 쉬는 시간에 놀이터에서 놀고 있는 것 같았다. 생선을 던지고, 손님들과 농담을 주고받고, 주문 받은 것을 소리 내어 외치고, 또 그것을 반복해서 외치고… 시장은 사람들에게 자극을 주는 활기로 가득차 있었다.

"오해하지는 마세요." 로니가 덧붙였다. "이곳이 이윤을 남기기 위해 운영되는 사업장이라는 사실을 잊으면 안 되요. 다른 회사처럼, 이 시장 또한 저에게 많은 급여를 주고 있고, 우리의 장사는 진지한 비즈니스이죠. 다른 회사와 완전히 다른 점이 있다면, 단지 한 가지뿐입니다. 업무를 처리하는 방식에 즐거움이 있다는 것! 이해하세요? 너무 초조해 하지도, 너무 과도한 욕심을 부리지도 않으면서 그냥 흘러가게 하는 거죠. 우리의 즐거움이란 많은 고객들이 재미있게 느끼도록 그저 애들처럼 함께 노는 거예요. 고객을 존중하는 마음을 가지고 말이죠.

결과적으로, 이런 방식으로 많은 이익을 창출할 수 있었어요. 전보다 훨씬 높은 매출 신장을 이루었고, 이직률은 매우 낮아졌죠. 가장 중요한 것은 우리 스스로 그 전에는 그토록 지루하게 느껴졌던 일들을 너무나 행복하게 즐기고 있다는 점이에요. 마치 함께 싸워서 승리를 거머쥔 한 팀의 선수들처럼, 우린 서로에게 멋진 동료가 되었답니다. 게다가 우리의 일에 대해, 그리고 그 일을 하는 우리의 방법에 대해 자긍심을 갖게 되었죠. 그러다 보니 의도하지 않았는데도, 자연스럽게 이곳 시장이 세계적으로 유명해졌더라구요. 이 모든 과정에는 오로지 하나의 요인이 있어요. 바로 브래드가 늘 하는 것. 우리는 어떻게 놀아야 즐거운지, 놀이방법을 터득한 것뿐이죠!"

그때, 마지막 진열대를 말끔히 정리한 브래드가 치마처럼 넓게

퍼진 앞치마에 손을 문지르며 의젓하게 한 마디 거들었다. "엄마, 엄마 사무실 사람들을 로니에게 데리고 와서 어떻게 놀 수 있는지 배우게 하면 어때요?"

우리의 날 만들기

"기자 아가씨, 생선 한번 보실래요?" 갑자기 로니의 동료 중 한 사람이 커다란 생선 머리를 들고 제인에게 다가왔다. 아마도 수첩 에 뭔가 열심히 적고 있는 모습이 그에게는 취재 나온 기자쯤으로 보였나보다.

"싸게 드릴게요. 빠진 부위가 있긴 하지만, 이 정도 가격이면 엄 청 싸게 사는 거예요." 그는 생선 입을 웃는 모양으로 만들면서 농 담을 던졌다. "난 이걸 '웃고 있는 스시(생선초밥)'라고 부른답니다. 딱, 1센트만 주세요." 그러면서 그는 생선의 입모양처럼 약간 삐뚤 어진, 익살맞은 미소를 지어 보였다.

브래드는 그 생선 머리를 들어보고 싶다며 팔을 내밀었고, 스테이시는 엄마의 다리 뒤로 숨어버렸다. 제인은 1센트짜리 동전을 꺼내 '늑대'라는 별명을 가진 그 상인에게 건네주었다. 왜 사람들이 그를 늑대라고 부르는지 물어보지 않아도 알 것 같았다. 그의 머리는 헝클어져 있었고, 눈은 마치 먹이를 향해 돌진하듯 바삐 움직이고 있었다. 그러나 이 늑대는 길들여진 늑대였고, 그가 애기하는 모습은 마치 자상하고 너그러운 할아버지의 분위기를 연상시키기도 했다. 자연스럽게 다소 정리되지 않은 듯한 외모조차 재미나게 느껴졌다. 늑대 할아버지는 '스시'를 봉지에 넣어 두 눈을 반짝거리며 기대에 차있는 브래드의 손에 쥐어 주었다. 수줍어하던 스테이시도 그날 처음으로 얼굴을 내밀고, 말을 붙였다. "아저씨, 저도 하나 갖고 싶어요…" 이제 늑대 아저씨가 된 그는 생선 머리를 두 개 더 가져왔다. 그래서 그들은 모두 '웃고 있는 스시'를 하나씩 가질 수 있었다.

로니가 말했다, "늑대! 고마워요. 당신이 방금 우리 시장이 세계적인 시장이 될 수 있는 세 번째 요소를 보여 주었어요.”

“그래요?”

로니는 제인을 향해 질문의 표정을 던졌다.

“제인, 당신의 지난번 방문을 잘 생각해 보세요. 뭐가 가장 기억에 남죠?”

“글쎄요… 잠깐만요… 아, 한 스무 살 정도 되어 보이는 빨간 머리 아가씨가 기억나네요. 발랄해 보이는 그 아가씨는 저기 저 단위에서 생선을 잡으려고 했었죠. 물론 생선이 미끄러워서 두 번이나 놓쳤지만요. 그때 그녀는 정말 신나 보였어요.”

“그 장면이 지금까지도 기억에 남아있는 건 왜 일까요?”

“그녀는 정말 활기차 보였고, 그리고… 맞아요. 진정으로 살아있는 것처럼 보였어요. 당시에 마음이 그리 가볍지 못했던 저조차도 그녀를 보며 즐거워졌거든요. 마치 내가 그녀와 함께 생선을 잡으려는 것처럼 상상이 되더라구요. 생각만으로도 정말 아슬아슬했어요.”

로니는 웃으며, 다음 질문을 던졌다. 마치 스무고개를 하는 사람처럼 말이다.

"그럼, 브래드는 오늘 있었던 일들 중에서 뭐가 제일 기억에 남을 것 같아요?"

"음… 어른들이 하는 일을 똑같이 했던 것. 거대한 생선 창고에 들어갔던 것. 그리고 당신을 도와 함께 일했던 것이겠죠."

"그래요. 그게 바로 '우리의 날을 만든다'라는 것이에요! 우리는 가능한 한 다양한 방법으로 방문객들에게 기억에 남을 만한 추억거리를 만들어 주려고 애썼지요. 우리 스스로도 업무를 즐겁게 하면서도, 동시에 고객들을 참여시킬 수 있는 창의적인 방법들을 찾을 수 있었어요. 바로 이것이 핵심 단어이죠. "참여시키다engage!" 손님들과 늘 가까이 있으며, 그들이 우리의 즐거움에 함께 발맞출 수 있도록 노력하는 거예요. 공손하면서도 손님들 스스로 자신들이 존중 받고 있다는 것을 느낄 수 있도록 말이죠. 우리가 손님들을 즐겁게 대하고, 그들이 행복하게 생선을 산다면, 우린 비로소

‘우리의 날’을 만든 거죠.”

제인은 노트를 다시 꺼내 이렇게 적었다. ‘우리의 날 만들기’ 그녀의 머릿속은 이내 여러 가지 생각들로 가득 차 올랐다.

‘사람들을 참여시키고 즐거움을 나눌 수 있도록 그들을 환영한다. 고객들은 축제의 참여자가 되는 것을 즐기고, 오랫동안 좋은 이야기들과 웃음을 가져다 줄 수 있는 추억들을 이곳에서 만들 수 있다. 다른 사람들을 참여시키고, ‘우리의 날을 만들려는’ 노력은 고객을 향하여 초점을 맞추는 것이다. 정말로 훌륭한 심리적 접근이네. 다른 사람의 날을 만들어 주려는 데 주의를 집중시키는 것은 지속적이고 긍정적인 감정의 흐름을 제공하게 된다⋯.’

“얘들아, 엄마 어디로 가셨니?”

로니, 브래드, 스테이시, 세 사람은 혼자만의 세계에 빠져든 제인을 뚫어지게 바라보고 있었다. “미안, 미안. 지금 해주신 얘기가 얼마나 강력한지를 생각하느라 그랬어요. ‘우리의 날 만들기’라는 개념을 우리 부서에 적용할 수 있는 길을 모색해 봐야겠어요.”

"자, 우선 지금 시장이 문 열 시간이 다 되었으니, 제인, 아이들을 데리고 가서 뭘 좀 먹읍시다. 우리 토론은 거기 가서 끝내도록 하지요. 너희들 배고프지?"

"네에!"

고객을 위한 자리 지키기

그들은 길 건너편에 있는 카페로 가서 커피와 코코아와 빵을 주문했다. 슬슬 시장은 사람들로 붐비기 시작했다. 로니는 제인에게 상인과 손님의 커뮤니케이션이 어떻게 이루어지는지 살펴보라고 힌트를 줬다. 그는 먼저 상인들의 행동을 보라고 했고, 정말 주의를 기울여 관찰한다면 아직 말해주지 않은 마지막 요소를 발견할 수 있을 거라고 말했다. 그녀는 로니의 말대로 상인들 한 사람 한 사람을 유심히 바라봤다. 그들이 얼마나 즐겁게, 그리고 얼마나 가벼운 마음으로 일하고 있는가에 대해 다시 한 번 감탄할 수밖에 없었다. 그녀는 또한 한꺼번에 밀어닥치는 그 많은 손님들 모두를 만족시키는 그들만의 비결이 무엇일까도 곰곰이 관찰했다. 그러던 중 번뜩, 그 답이 날아 들어왔다! '그들은 절대로 방심하지 않는다. 그들의 눈은 한순간도 쉬지 않고 고객을 바라보고 있다!'

사실 그녀가 찾은 정답은 전날 저녁에 있었던 썩 유쾌하지 못한 경험에서 얻은 것이었다. 어젯밤, 그녀는 잘 시간이 되었는데도 잠들지 못하고 투정을 부리는 두 아이를 달래기 위해 아이들과 함께 가게에 갔다. 그들은 장보기를 마치고 계산을 하기 위해 줄을 섰다. 하지만 계산원은 옆 계산대의 다른 직원에게 자기 차를 어떻게 개조했는지 장황하게 이야기하며 사람들을 기다리게 했다. 아이들은 서있는 것에 지쳐 연신 그녀의 치마를 잡아당겼다. 그녀는 어지간하면 화를 내지 않으려고 꾹 참으며 직원이 스스로 자기의 자리로 돌아오기를 기다리려 했다. 하지만 기다림의 끝은 보이지 않았고 그녀는 결국 수다를 떠느라 손님을 그토록 오랫동안 기다리게 한 젊은 종업원에게 충고의 말을 던졌다.

'어제 저녁 같은 일이 여기서는 일어나지 않겠지? 이곳 상인들은 항상 자기 자리에 있으니까. 이 사람들은 고객의 관심을 재빨리 포착하고 필요한 게 무엇인지에 완전히 몰입되어 있잖아. 일하면서 한 번이라도 딴 생각을 하기는 할까?'

그녀는 과연 이 궁금증이 사실일지 로니에게 물었다. 질문을 듣고 그는 그리 놀라워하지 않았다.

"맞아요. 정답이에요. 제가 왜 안 놀라냐구요?" 그는 소년처럼 환하게 미소 지었다. "당신의 경험을 돌이켜보면, 쉽게 알 수 있었을 텐데… 맞지요?"

'이건 뭐, 거의 귀신이군…' 제인은 자신의 생각을 읽고 있는 로니가 놀라우면서도 내심 얄밉게 느껴졌다. 로니가 자신의 경험을 설명하기 시작했다.

"한번은 마켓에서 고기를 사기 위해 기다리고 있었어요. 종업원들은 친절했고 그들은 서로 즐거운 시간을 보내고 있었죠. 하지만 문제는 그들끼리만 좋은 시간을 갖고 있었고, 나는 포함되지 않았다는 겁니다. 그들은 자기들 얘기를 하면서 즐거워했어요. 여자친구 얘기, 월급인상에 대한 얘기… 만약 나를 그들의 즐거움 속에 끼워줬다면, 나는 완전히 다른 경험을 할 수 있었을 거예요. 그 종업원들은 친절했고 즐거운 표정을 짓고 있었지만, 핵심적인 한 가지를 놓치고 있었죠. 그들은 고객인 나를 위해 그곳에 있지 않았고, 나에게 초점을 맞추고 있지 않았어요. 자기들끼리의 내부에만 초점을 맞추고 있었던 거죠."

그녀는 노트에 적어 내려갔다. '고객을 위해 항상 그 자리에 있기!'

로니는 잠시 망설이더니 처음으로 '그 자리에 있지 못하는 모습'을 보였다. 그녀가 의아한 표정을 짓자 그는 정중하게 부탁을 했다.

"제인, 함께 더 있고 싶지만 저는 이제 일하러 가야겠어요. 동료들이 내 몫까지 자진해서 일해주고 있지만, 너무 지나치면 안 되겠죠? 하지만 가기 전에 들려주고 싶은 얘기가 하나 있어요."

"듣고 있어요, 로니"

"당신 부서의 문제를 어떻게 해결해야 할지 지금 단정 지어 말할 수는 없겠지만, 내 생각엔 직원들 스스로가 이곳 어시장의 철학을 발견할 수 있도록 도와주어야 할 것 같아요. 단순히 이 이야기를 들려주는 것만으로 그들이 깊은 감동을 받을지 모르겠어요. 직원들을 데려오라고 했던 브래드의 아이디어가 일리가 있다고 봐요."

"당신과 브래드는 정말 죽이 잘 맞는군요. 제가 부서에서 일어나고 있는 문제들을 해결하는 데 급급해서 그만 직원들이 스스로 배우고, 그 경험을 자신의 것으로 만들어야 한다는 사실을 잊어버릴 뻔했네요. 고마워요, 정말. 모두 다… 당신은 우리의 날을 만들어 주었어요."

브래드는 집으로 오는 길에도 내내 멈추지 않고 시장에 대한 이야기를 했다. 그녀는 브래드의 이야기를 들어줌으로써 진정으

로 아들 곁에 있었다. 순간, 아주 재미있는 아이디어가 머릿속에

떠올랐다.

그녀가 일러준 것을

나는 스스로 발견했다.

일요일 오후

일요일의 낮, 그녀에게 주어진 선물과 같은 시간이 다시 찾아왔

다. 제인은 수첩을 열어 현장에서 필기했던 내용들을 간단히 정리

하였다.

나의 하루 선택하기   이 부분에 대해서는 시작이 좋은 것 같다. 직원들이 생각해 낸 메뉴 아이디어는 정말 놀라웠다. 처음으로 나타난 실질적 개선의 서막이었다. 삶의 태도를 선택하지 않는다면 모든 다른 요소들은 시간 낭비일 뿐이다. 나는 좀더 모험을 하면서 이 요소에 대한 동료들의 인식을 확장시켜야 한다.

놀이 찾기   파이크 플레이스 어시장은 그야말로 어른들의 놀이터다. 상인들이 생선 파는 일을 그토록 즐겁게 할 수 있다면, 우리 회사에도 희망이 있다.

우리의 날 만들기   고객들 또한 이 놀이에 참여할 수 있도록 격려해야 한다. 그러기 위해서는 그들이 놀이에 참가할 수 있는 분위기를 만들어야 한다. LA에서 함께 일했던 한 상사처럼, 마치 나를 녹음기 취급하듯 자기 혼자 말하며 흥미 있는 일들은 절대로 나누지 않는 그런 경우는 있어서는 안 된다.

고객을 위한 자리 지키기   생선 상인들은 고객을 기쁘게 해주기 위해 항상 그 자리에서 그들과 함께 한다. 손님을 내버려둔 채 개인적인 공상을 하거나 전화통화를 하지 않는다. 그들은 손님을 진심으로 염려하고 상호작용을 하며, 마치 내가 오랜만에 다시 만난 친구인 양 내게 이야기한다.

월요일 아침

엘리베이터에 타고 나서 보니, 빌이 이미 타 있었다. '사무실까지 가지 않아도 되겠군.' 그녀는 처음으로 그가 반갑게 느껴졌다. 엘리베이터 안에 사람이 많아서 그들은 서로 이야기를 나누지는 못했다. 제인이 내리는 층에서 문이 열렸을 때 그녀는 뒤돌아서 빌에게 희귀한 냄새를 풍기는 봉지를 불쑥 내밀었다. "자, 여기 선물이에요. 일명 '웃고 있는 스시'라는 거예요." 엘리베이터 문이 닫히는 순간, 그녀의 등 뒤에서 "메리 제인!" 하고 외치는 빌의 당황한 목소리가 들렸다.

그녀가 책상에 도착하고 몇 초 후에, 전화가 울렸다.

"괴상한 선물이더군요, 메리 제인." 어딘가 유쾌한 웃음이 담긴 목소리였다. 그녀는 빌에게 지난 토요일에 있었던 어시장 경험담을 이야기했다. "멋지군요. 계속 잘 해봐요, 메리 제인. 어시장과 제일보증이 어떤 관계가 있는지는 모르겠지만, 당신이 오늘 같은 날 아침에 날 웃게 만든 것처럼, 뭔가 할 수 있을 거라고 믿어요."

그녀는 전화를 끊고, 빌과의 관계가 어느 정도 달라졌다는 것을 느꼈다. '그의 부하 직원들 중에서 그에게 맞서는 사람은 별로 없었겠지. 이렇게 말하면 이상하지만, 빌은 오히려 내가 겁먹지 않고 당당하게 이야기하는 것을 고마워하는 것 같군.'

견학

월요일 아침, 첫 번째 그룹의 정기 직원회의에서 그녀는 바로 본론으로 들어갔다.

"저는 사실 여러분들에게 큰 감동을 받았어요. '날마다 우리의 태도를 선택할 수 있다'는 사실을 상기시켜주려는 정성들이 오히려 반대로 저를 격려하기도 했구요. 여러분이 만든 '당신의 태도 선택 메뉴'는 대단히 훌륭한 아이디어였어요. 회사 내에서도 큰 화제가 된 거 아시죠. 드디어 우리에 대한 평판이 긍정적으로 바뀌기 시작했어요. 정말 기분 좋은 일이죠?”

그리 활기차 보이진 않았지만 직원들의 표정에 짜증스러움이 걷혔다는 것만으로도 여느 때의 월요일과는 사뭇 달라 보였다.

“자, 여러분 이제는 그 다음 단계를 밟을 차례입니다. 여러분 모두가 꼭 경험했으면 하는 것이 있는데, 점심시간을 이용해서 같이 견학을 가는 게 어때요? 첫 번째 그룹은 수요일 점심시간에, 그리고 두 번째 그룹은 목요일에 가도록 하지요. 도시락은 제공해 드릴 테니, 그냥 몸만 오세요. 견학 장소는 어쩌면 여러분들 중 많은 분들이 가본 적이 있는 곳일 거예요. 에너지가 살아 숨쉬는 일터를 공부하기에 아주 적합한, 특별한 어시장이죠. 그곳에는 지금 우리가 겪고 있는 어려움과 비슷한 문제를 해결해 낸 사람들이 있답니다. 견학의 목적은 그들의 성공비결을 이해하고, 그것을 우리의 상황에 적용하는 것입니다.”

그녀의 제안이 던져지자, 여기 저기서 불만의 소리들이 터져 나왔다.

"전 그날 치과에 가야 해요." "그날 점심약속이 있는데…" "너무 피곤한 걸요…"

그녀는 자신의 강력한 목소리에 스스로 놀라면서 다시 한번 강조했다.

"난 여러분 모두가 각자 계획들을 수정해서 견학에 꼭 참석할 것을 기대하겠어요. 그만큼 중요한 일이니까요."

수요일 점심시간, 첫 번째 그룹이 회사 로비에서 모여 함께 시장으로 향했다. "제가 여러분에게 부탁할 사항은 단 한 가지예요. 여러분이 이제 시장에 가서 보게 될 광경들을 최선을 다해 관찰하는 것! 아 참, 그리고 나누어 드린 요구르트는 꼭 가지고 있어야 해요." 그녀가 야구선수 요기 베라의 '보는 것만으로도 많은 것들을 알아차릴 수 있다'라는 말을 인용하자, 그들 중 단 한 사람만이 친절한 미소를 지었다. '이건 시작에 불과해.' 그녀는 스스로에게 주문을 외웠다.

　그들이 도착했을 때, 어시장은 무척 분주했다. 직원들은 각자 신속히 흩어져서 시장을 관찰했다. 서로 멀리 떨어져 있었기에 모든 직원들의 반응을 살피기는 어려웠으나, 그들 중 몇 명이 이곳에서의 시간을 즐기는 것을 분명히 볼 수 있었다. 그녀는 존과 스티브가 어느 상인과 대화를 나누는 것을 보고, 좀더 가까이 다가갔다. "손님들을 위해 함께 그 자리에 있다는 것을 보여주려면, 그들의 눈을 똑바로 바라봐야 해요. 제일 친한 친구와 함께 있는 것처럼 말이죠. 주위에서 정신을 혼미하게 만들 정도로 많은 일들이 벌어진다 하더라도, 당신은 대화를 하고 있는 손님에게 계속 집중을 해야 하죠." 빨강 머리를 한 상인이 존에게 이야기했다.

　'존과 스티브가 잘 하고 있군. 훌륭한 시작이야…' 제인은 그들이 눈치채지 못하도록 뒤로 물러나와 그들이 상인들과 더 깊은 얘기 속으로 빠져드는 것을 보았다.

목요일 점심시간에 시장을 방문한 두 번째 그룹은 첫 번째 그룹으로부터 얘기를 들어서인지, 질문이 거의 없었다. 상인들과의 대화에서도 다소 소극적으로 행동하고 있었는데, 별안간 특이한 일이 벌어졌다.

"얌전이 스테파니! 카운터 위로 올라가서 생선 한번 잡아보지 그래요?"

누군가가 던진 제의에 모두들 박수를 치며 환호성을 보냈다. 사무실에서 유난히 수줍음을 많이 타는 걸로 유명한 그녀였으나, 동료들의 부추김에 어쩔 수 없이 카운터 위로 올라갔다. 처음 두 마리의 생선이 그녀의 손에서 미끄러져 빠져나갔고, 동료들은 그것을 보면서 안타까워하면서도 동시에 즐거워했다. 하지만 세 번째 시도에서 드디어 그녀는 맨손으로 멋지게 생선을 받아냈고, 우뢰와 같은 박수소리와 휘파람이 시장을 떠들썩하게 만들었다. 어시장의 상인들이 그녀의 날을 만들어 주자, 스테파니는 신이 나기 시작했다. 마치 다른 사람들을 위한 첫 번째 문을 열어준 것 같았다. 생선들이 머리 위를 날아다니기 시작하고 직원들은 요구르트 컵을 들어올리는 것 이상으로 이 유쾌한 분위기에 적응하기 시작했다.

금요일 오후 회의

금요일 오후에 제인은 두 그룹과 각각 회의를 가졌다. "파이크 플레이스 어시장 사람들처럼 즐겁게 일할 수 있다면 얼마나 좋을까요?" 몇몇 직원들은 고개를 끄덕였고, 날아다니는 생선들을 머릿속에 떠올리며 미소 지었다. 그중 스테파니가 가장 환하게 웃고 있었다. 그러고 나서, 그들은 다시 현실로 돌아왔다. 두 그룹 모두 잠깐의 미소가 지나간 후, 이의를 제기하기 시작했던 것이다. "우린 생선을 파는 게 아니잖아요!" 마크가 말했다. "우리에겐 던질 것이 아무것도 없는 걸요." 베스가 덧붙였다. "어시장 사람들은 기운 좋은 남자들이라 그렇죠. 우리 여자들에겐 너무 벅찬 일이에요…" 앤이 거들었다. "우리 업무는, 너무 지루해요." 또 다른 직원이 말했다. 이어서 한 직원이 농담을 던졌다. "우린 주문서를 던집시다!"

"그래요, 여러분… 여기는 어시장이 아니에요. 그리고 우리가 하는 일은 그들과는 확실히 다르죠. 그러나, 제가 묻고 싶은 것은 여러분이 파이크 플레이스 어시장처럼 에너지가 넘치는 일터에서 일하는 것에 관심이 있느냐는 겁니다. 더 자주 웃을 수 있는 곳, 하고 있는 일과 또 그 일을 하는 방식에 대해 긍정적인 감정을 가질 수 있는 그런 곳, 매일 기대를 품고 올 수 있는 바로 그런 곳 말입니다. 여러분은 이미 스스로 삶에 대한 태도를 선택할 수 있다는 것을 다양하게 보여 주었습니다. 여러분의 의지를 한 단계 더 끌어올릴 수 있을까요?"

스테파니가 조심스레 입을 열었다. "전 우리 사무실 사람들을 좋아해요. 정말 좋은 분들이에요. 하지만 언제부터인가 이곳으로 일하러 오는 게 못 견디게 싫어졌어요. 이제는 사무실에서 숨쉬는 것조차 힘들어요. 마치⋯ 영안실처럼 느껴질 때가 많아요. 이왕 시작했으니 아예 다 털어놓을게요. 사실 전 지금 다른 직장을 알아보고 있는 중이었어요. 만약 우리가 이곳에 생명을 불어넣는 방법을 찾아낸다면, 이곳은 더 만족스러운 일터가 될 것이고 그렇게 된다면 전 당연히 이곳에 남을 거예요.”

“스테파니⋯ 용기있게, 솔직하게 말해줘서 고마워요.”

스테파니에 이어 스티브도 덧붙였다. “나도 이곳을 좀더 재미있는 일터로 만들고 싶어요.”

이번엔 랜디가 손을 들었다.

“메리 제인, 이전에 당신이 개인적으로 처해있는 상황에 대해 얘기한 적이 있죠. 지금까지 우리의 상사 중에서 그렇게 마음을 열고 대화를 나누었던 사람은 아무도 없었어요. 그래서 저도 제 자신의 삶에 대해 생각해보았죠. 혼자서 아들을 키우고 있으니까 저는 일할 곳과 회사에서 제공해 주는 보험, 연금이 필요해요. 물의를 빚으려고 했던 것은 아니었지만, 솔직히 말하면 제가 가지고 있는 욕구불만이나 좌절감에 대한 화풀이를 우리 부서에 서류를 요청하는 다른 부서 사람들에게 해왔던 것 같아요. 나는 이런 구덩이 속에 갇혀 있는데 다른 사람들은 모든 게 다 좋아 보였거든요. 그런데, 당신이 어느 날, 우리들 스스로가 이곳을 구덩이로 만들고 있다는 사실을 일깨워주었어요. 글쎄요… 만약 우리가 이곳을 구덩이로 만들었다면, 뭔가 다른 일터로 탈바꿈할 수 있는 선택도 우리에게 있으리라 믿어요. 그렇게 할 수 있다는 생각이 날 신나게 했어요. 내가 이곳에서 재미를 찾고 행복할 수 있다면, 아마도 내 인생의 다른 부분들도 그렇게 만들 수 있을 것 같아요.”

“고마워요, 랜디.” 진심에서 우러나온 말이었다. 제인은 몸을 돌려 랜디에게 감사를 표하고 이야기를 이어갔다. “여러분들 대부분이 지금 말씀해 주신 동료들의 의견에 저처럼 고개를 끄덕이는 걸 봤어요. 랜디, 당신은 오늘 여기에서 정말 중요한 이야기를 해 주었어요. 당신의 마음에서 나온 그 말들은 저뿐만 아니라 모든 사람들의 마음에 절실하게 닿았을 거라고 믿어요. 고마워요, 정말 감사해요.

자, 우리 더 나은 일터를, 우리가 머무르고 싶어하는 일터를 함께 만들어가요. 월요일부터는 시장에서 배운 점들을 우리 부서에서 실천할 수 있도록 실제적인 과정으로 조금 변화시켜 보지요. 그럼 지금부터, 어시장에서 여러분이 겪었던 개인적인 경험들을 되살려 질문이나 새로운 아이디어들을 적어보기 바랍니다. 다음 주 월요일 회의에서 우리가 다시 모일 때, 어떻게 진행해 나갈 것인지 의논하도록 하겠습니다. 여러분들이 어시장에서 만났던 모든 순간들이 여러분의 생각을 자극하도록 해 보세요."

아까 그 농담꾼이 다시 입을 열었다. "주문서를 던질 수 없다면, 종이 분쇄기 안에 있는 종이 조각들이라도 던지면 안 될까요?" 웃음소리가 사무실 안을 가득 메웠다. '아주 좋았어!' 그녀는 속으로 쾌재를 불렀다.

제인은 어시장의 철학을 발전시켜 스스로 만들어 본 아웃라인을 나누어주고, 개인적인 의견을 설명했다. 그러고는 자신이 아웃라인을 정한 것처럼 주말 동안 각자의 의견들을 생각하고 기록할 것을 다시 한번 권했다.

두 번째 그룹과의 회의를 마치고, 제인은 사무실로 돌아와 피곤한 몸으로 책상에 앉았다. '그들에게 주말 동안 생각할 거리를 주었어. 하지만 과연… 할까?'

그녀는 그때까지도 직원들 중 여섯 명이나 그 주말에 친구들과 가족들을 데리고 어시장을 다시 찾을 거라는 사실을 전혀 예상하지 못하고 있었다.

메리 제인 프리젠테이션 One

나의 하루 선택하기　어시장의 상인들은 날마다 그들이 자신들의 태도를 선택한다. 그들 중 한 사람은 이렇게 말한다. "당신이 일을 할 때, 당신은 어떤 사람입니까? 조급하고 지루해 하는 사람입니까, 아니면 세계적으로 유명한 사람입니까? 당신이 세계적으로 유명한 사람이 될 수 있다고 자신한다면, 당신의 행동은 달라질 것입니다." 일을 하는 동안, 나는 어떤 사람이 되기를 원하는가?

놀이 찾기　어시장의 상인들은 그들의 일을 재미있게 즐긴다. 그리고 '하루의 놀이'는 엄청난 에너지를 제공한다. 어떻게 하면 우리도 더욱 재미있게 일하면서 더 많은 에너지를 창출해 낼 수 있을까?

우리의 날 만들기　어시장의 상인들은 그들의 즐거움에 고객들을 참여시킨다. 그들은 에너지와 친절을 만들어 내는 다양한 방법들을 통해 그 속에 고객들이 참여할 수 있도록 길을 열어 놓는다. 우리의 고객은 누구이며, 어떻게 하면 우리의 날을 만들어서 더 많은 이들을 참여시킬 수 있을 것인가? 어떻게 하면 우리는 서로의 날을 만들어 줄 수 있을까?

고객을 위한 자리 지키기　어시장의 상인들은 그들의 일에 전심으로 몰두한다. 서로를 위해, 그리고 고객들을 위해 자신의 자리에서 함께 하는 그들로부터 우리는 무엇을 배울 수 있을까?

월요일까지 여러분의 의견을 기다리겠습니다.

주말 _ 어시장에서

"좋은 주말이죠? 그런데, 선생님이 과제물을 내 주었나요?"

노트를 들고 있던 스테파니는 고개를 들어 생선 한 마리가 공중을 나는 것과 매력적인 미소를 띤 채 자신에게 친절한 질문을 던지는 젊은 상인을 동시에 쳐다보았다. "안녕하세요… 학교가 아니라, 회사 상사가 숙제를 좀 내줬거든요."

"그 상사가 바로 메리 제인이라는 분 아닌가요?"

"어떻게 알았죠?" 그러나 그녀의 말은 상인들의 고함소리에 묻혀 버리고 말았다. "참치 세 마리 파리로 날아갑니다!" 서툰 프랑스어 억양의 목소리가 여기저기서 터져나왔다. 하지만 로니는 그녀의 대답을 전부 듣고 있는 것 같았다. '이 사람들이 고객을 위해 함께 한다는 것이 어떤 건지 짐작이 가는군.' 그녀는 생각했다. '이렇게 정신없이 소란스러운 분위기에서 무슨 말을 하는지 들으려면 전적으로 집중할 수밖에 없겠는걸…'

“지난번에 메리 제인과 함께 왔던 그룹에서 당신을 봤어요. 당신은 이곳으로 요구르트 먹으러 오는 사람들 중에서는 처음으로 생선을 잡은 사람이거든요.”

“그래요?” 특이한 행동을 했다 하더라도, 이렇게나 많은 사람들이 몰려드는 가운데 자신을 기억하고 있다는 것이 스테파니에게는 신기할 뿐이었다.

“자, 무엇을 도와드릴까요? 궁금한 게 아주 많은 것처럼 보이는데요?”

그녀는 자기의 노트를 내려다보았다. “물어보고 싶었던 것이 있었는데, 지금 당신을 만나니 답을 찾은 것 같네요… ‘고객을 위해 항상 그 자리에서 함께 한다’는 의미가 어떤 것인지 좀 알 것 같아요. 당신이 지금 내 옆에 있는 것, 바로 그것이 정답이죠? 그리고 당신들은 생선을 잡게 하는 놀이를 통해 나에게 즐거움을 주었어요. 그것을 ‘우리의 날을 만든다’라고 하는 것 같던데… 어쨌든 ‘놀이’에 대한 생각과 더불어 ‘우리의 날을 만든다’는 것, 그리고 '고객을 위해 항상 그 자리에 있는 것'까지 모두 이해하기가 쉬운 부분이에요. 하지만… '내 삶의 태도를 선택한다'는 것이 아직도 좀 이해하기가 어렵네요. 우리의 태도는 대부분 다른 사람들이 우리를 어떻게 대우하는가, 또는 우리에게 어떤 일이 일어나는가에 따라 달라지지 않나요?"

"태도에 대해서 모든 의문점을 풀어줄 사람이 있어요. 바로 울프죠. 울프는 훌륭한 카레이서로 성공했었지만, 사고를 당했죠. 나머지는 울프에게서 직접 들으세요. 뒤쪽 창고로 들어가야 하는데, 혹시 두터운 옷을 갖고 오셨나요?"

"우리도 가도 될까요?"

스테파니는 귀에 익은 목소리에 깜짝 놀라 몸을 돌렸다. 그녀의 왼쪽에는 놀랍게도 스티브와 랜디, 그리고 귀여운 어린아이 한 명이 서있었다. 그들 또한 스테파니처럼 자신들의 의문을 풀기 위해 어시장을 찾아왔던 것이다. 간단한 소개를 마치고, 같이 창고로 들어가서 울프의 이야기를 함께 들었다. 울프는 사고를 당하고 그것을 극복하는 과정을 자세히 말해 주었다. 그도 처음엔 '유독성 폐기물'처럼 스스로를 그냥 방치했다고 한다. 그러나, 외부에서 어떤 자극이나 환경의 변화가 온다 하더라도 내면에서 우러나오는 마음 없이는 삶을 변화시키지 못한다는 것을 깨닫고는 어시장의 변화계획에 동참했다고 했다. 그는 자신감에 넘치면서도, 신중한 어투로 그들에게 '자신의 삶을 선택한다'의 의미를 강조했다. 그들 모두는 이야기에 깊은 감동을 받았고 월요일에 회사로 돌아가서 동료들과 이 이야기를 나누어야겠다고 생각했다.

창고를 나와 어시장의 이곳 저곳을 관찰하는 동안, 스티브는 다른 약속을 위해 먼저 떠나고 스테파니와 랜디, 그리고 랜디의 아들이 남게 되어 함께 길 건너 카페로 갔다. 어른들이 커피를 마시는 동안, 랜디의 아들은 커다란 초코칩 머핀을 먹고 있었다.

스테파니가 먼저 시작했다. "이젠, '유독성 폐기물'을 그만 치워 버려야 하지 않을까요? 누가 알아요? 우리가 만약 다른 직장을 구한다 해도 이곳과 별 다를 바가 없을지 말이에요. 생각해 봐요. 메리 제인 같은 상사가 또 어디 있겠어요? 그녀가 겪었던 일들을 생각해 보세요. 난 그녀가 그 재수 없는 빌 월쉬에게도 맞서서 이야기한다고 들었어요. 다른 부서 책임자들 중에는 그 독재자 같은 사람에게 맞설 수 있는 사람이 아무도 없다구요. 이 정도면 대단한 거 아닌가요?”

“저랑 생각이 똑같네요, 스테파니. 생선 상인들이 이런 멋진 일을 이룰 수 있었다면, 메리 제인 같은 상사와 함께이니 우린 뭐든 할 수 있을 거예요. 쉽진 않겠죠. 우리 동료들 중 많은 사람들은 내가 이전에 그랬던 것처럼 겁을 내고 있어요. 겁을 먹고 있기 때문에 그토록 회의적이죠. 우리가 만약 그들에게 긍정적인 영향을 줄 수 있다면, 그들을 도울 수 있을 것 같아요. 우리가 더 나은 환경을 만들기로 선택하지 않는 한, 우리 환경이 나아지지 않을 거라는 건 분명해요. 그리고, 저는 정말로 더 즐거운 일터를 원하고 있어요.”

스테파니는 랜디와 헤어져 주차장으로 걸어가면서, 같은 사무실 동료인 베티와 그녀의 남편을 발견했다. 그들을 향해 손을 흔드는 순간, 그녀는 인파 사이에 또 다른 동료들 세 사람이 노트를 들고 걸어가는 것을 볼 수 있었다. '좋아! 나 혼자만의 생각은 아닌 것 같아. 비로소 진정한 동료들이 생길 것 같군.' 마음속으로 그녀는 외쳤다.

본격적인 계획이 전개되다

월요일 아침 직원회의를 위해 모인 첫 번째 그룹이 들뜬 목소리로 웅성거리고 있었다. 제인은 다음과 같은 이야기로 회의를 시작했다.

"오늘 우리는 '유독성 폐기물'을 깨끗하게 청소하기 위해 이 자리에 모였습니다. 오늘은 전에 회의에서 토론했던 사항 이외에 시장에서 얻을 수 있는 교훈이 더 있는지 살펴보고, 그러고 나서 우리의 다음 실행단계를 결정하도록 하겠습니다. 다음 단계로 진행하기 전에 우리가 함께 고민해봐야 할 것들을 생각해 온 분이 계신가요?"

스테파니와 랜디가 각각 일어나 차례대로 울프와 나누었던 이야기를 소개했다. 스테파니가 먼저 시작했다.

"울프는 정말 멋진 사람이었어요. 사실 처음 봤을 땐 조금 무서웠지만요. 목소리가 꼭 짐승처럼 으르렁거리는 것 같더군요. 하여튼, 그는 끔찍한 사고로 인해 프로 레이서로서의 자신의 인생이 어떻게 산산조각 났는지에 대해 말해주었어요. 그도 얼마 동안 자기 연민 속에서 허우적거렸다고 해요. 여자 친구가 그를 떠났고, 친구들조차 점점 자신을 피한다는 것을 느끼게 됐죠. 그는 뭔가 다른 방식으로 살아야 한다고 결심하게 되었답니다. 자신의 인생을 스스로 선택할 수 있다는 것을 깨달았다고 했어요. 여기서 그 과정을 모두 소개할 수는 없겠지만, 그는 자신의 인생을 풍성하게 누리는 것을 선택할 수도 있고, 혹은 그 반대로 다가오는 기회를 그냥 흘려보냄으로써 삶을 그대로 방치할 수도 있다는 걸 알게 되었다고 해요. 그때부터 그는 매일매일 자기의 인생을 풍성하게 누리겠다는 선택을 하고 있다고 합니다. 늘 아침마다 '오늘은 어떤 태도로 삶을 선택할 것인가' 하고 말이죠. 삶을 소중하게 생각하고, 열심히 살아가야 한다는 교과서 같은 말들을 우리는 참 자주 듣습니다. 그러나, 지금까지 우리는 살아오면서 어느 한 순간이라도 나의 인생을 내가 선택했다는 생각을 했던가요? 늘 얘기하죠. '내 인생이 어쩌다가 이렇게 되었을까…' 하지만 모든 것은 자신이 선택하는 거예요. 전 울프의 이야기를 듣고 생각했어요. '그래, 어시장을 다시 한번 방문한 것도 나의 선택이었지' 하고 말이죠."

랜디가 말을 이었다.

"울프는 우리 부서가 처한 상황에 대해 깊이 생각해 볼 수 있게 해 주었답니다. 어떤 종류의 일터를 만드는가는 우리가 선택하는 거예요. 우린 매일 우리의 태도를 선택할 수 있고, 또 제대로 된 선택을 해야 하죠."

이어서 스티브 또한 자신의 의견을 내놓았다.

"고마워요, 스티브. 고맙습니다, 랜디. 그리고 고마워요, 스테파니… 지난 주말에 여러분 모두 아주 바쁘게 지낸 것 같군요. 시간 외 수당을 요구하지 않아서 감사하네요!"

웃음소리가 가라앉고 다시 진지한 분위기로 돌아오자 제인이 질문했다.

"자, 그럼 이제 본격적으로 우리의 변화를 위해서 다음 단계로 무엇을 어떻게 해야 할지 아이디어를 발표해 볼까요?"

"팀을 넷으로 구성해서 지금까지 살펴본 요소들을 한 팀이 한 가지씩 맡아 발표를 하는 것은 어떨까요?" 최근 입사를 한 신입이 의견을 내놓자, 여러 사람이 고개를 끄덕였다.

"모두들 찬성하세요?"

팀원들이 고개를 끄덕였고, 몇몇은 소리내어 대답하기도 했다.

"좋아요. 다음 그룹도 이 의견에 찬성하는지 확인해 볼게요. 그럼 팀을 구성해야겠네요. 여러분이 원하는 팀을 구성한 다음, 이름을 적어 저에게 주세요. 만약 다음 그룹도 동의한다면, 내가 모든 팀원의 명단을 하나로 작성하여 내일 나누어줄게요. 다른 논의 사항 또 있나요?"

회의를 마치면서, 그녀는 각자 원하는 팀을 구성할 수 있도록 종이를 나누어 주었다. 두 번째 그룹도 팀을 구성하는 아이디어에 전적으로 지지했으며, 구체적인 행동지침이 세워짐으로써 오히려 무엇을 해야 할지에 대한 부담이 한결 줄어든 듯 보였다.

팀 작업을 시작하다

'놀이'를 맡은 팀에 자원한 사람이 너무 많았기 때문에, 제인은 부드럽게 협상을 제의했다. "자, 학창 시절에 우리가 학교에서 선물을 받듯, 그런 기분으로 이 문제를 해결해보도록 하죠? 이 팀에서 '태도 선택 팀'이나 '그 자리에 있기 팀'으로 바꾸는 처음 세 사람에게 파이크 플레이스 티셔츠를 선물로 드리겠습니다." 모두들 웃으며 동의해 주었고, 세 명의 지원자가 나왔다. 팀원간 숫자가 균형을 이루자, 그녀는 지침과 기대를 정리했다.

메리 제인 프리젠테이션 Two

- 각 팀은 앞으로 6주 동안 자유롭게 모임을 열어 주어진 논제를 연구하고, 추가되는 정보를 수집해 전체 부원들 앞에서 발표할 프레젠테이션을 준비한다.
- 프레젠테이션 내용에는 실천을 위한 행동 사항들을 포함해야 한다.
- 팀별 모임시간은 임의로 정할 수 있고, 일주일 단위로 근무시간 중 두 시간을 팀별 활동에 사용할 수 있다. 근무시간 중 자리를 비우는 사람들을 위해 다른 직원들이 대신 그 자리를 담당해 줄 수 있도록 미리 조정한다.
- 각 팀은 200달러 한도 내에서 임의적으로 예산을 세울 수 있다.
- 모임은 업무를 위해서도 활용할 수 있다.
- 만약 팀 내에 문제가 생기면 협조를 요청하여 조정받도록 한다.

하지만 되도록 팀 안에서 스스로 문제를 해결하는 방향으로 발전
하는 것을 바란다.

행운을 빕니다! 그리고
우리 모두가 원하는 일터를 만들어 나갑시다!

팀별 발표

팀 모임을 시작한 지 6주가 지났다. 오늘은 모임의 종착지, 팀
프레젠테이션이 있는 날이었다. 부서 전체가 함께 회사 밖에서 모
임을 갖기 위해, 제인은 다른 부서들이 오전 중에 이루어져야 할
필수적인 업무들을 대신 담당해 줄 것을 빌을 통해 부탁해 놓았
다. 놀랍게도 빌은 그것뿐 아니라 개인적으로 그녀를 도와주겠다
고 나섰다.

"당신이 어떤 일을 꾸미고 있는지는 모르겠지만 말이오… 난

3층에 예전과는 완전히 다른 새로운 에너지가 생겼다는 걸 느낄 수 있어요. 계속 잘 이끌어주길 바라오. 그리고 내가 도울 수 있는 일이 있다면 언제든지 내게 말해주기 바래요, 제인.”

막상 프레젠테이션 날이 다가오자 그녀는 약간 긴장이 되었다. 각 팀들은 적어도 한 번씩은 그녀에게 협조를 요청했고, 그럴 때마다 그녀는 자신이 주도권을 잡지 않는 범위 내에서 최선을 다해 그들을 도왔다. 그러나 지난 2주 동안은 자료들을 읽어봐 달라는 요청과, 회의실 사용에 대한 요청 외에는 어느 팀도 그 이상의 도움을 구하지 않았다. 그렇기 때문에 그녀는 구체적인 프레젠테이션 내용에 대해서는 아는 것이 거의 없었다.

아침 9시, 팀원들이 모두 알렉시스 호텔로 향한 후 그녀가 출발하려고 할 때 빌과 그 외의 다른 자원자들이 3층 부서의 일을 담당해 주기 위해 도착했다. “행운을 빌어요.” 빌이 손짓했다.

알렉시스 호텔에 도착하자, 그녀는 마켓룸Market Room이라는 곳으로 안내를 받았다. 그녀는 '태도 선택' 팀이 마지막으로 발표할 수 있도록 순서를 정했는데, 각 팀들에게 이렇게 설명했다. "모두에게 적용되는 기본적인 요소들을 마지막으로 함께 점검해보는 것이 좋겠어요."

회의실로 들어서는 순간, 그녀에게 감동의 물결이 밀려들었다. 회의실 안은 다양한 색채와 음악이 넘실거리는 에너지의 바다와 같았다. 의자마다 갖가지 모양의 풍선이 매달려 있었고, 화려한 꽃 장식들은 회의실 안에 생명을 불어넣어 주었다. '이들은 기꺼이 도전을 받아들였어. 시계가 다시 돌아가기 시작한 거라구!'

그녀는 말로 다 할 수 없을 정도로 기쁨에 젖어 있었다. 그러나 오늘의 가장 뜻밖의 일이 아직 그녀를 기다리고 있었다. 회의실 뒤쪽, 생선상인의 유니폼을 완벽하게 차려입은 한 사람, 로니였다. 그녀는 어떻게 로니가 올 수 있었는지 짐작할 수조차 없었다. 그녀가 로니 옆에 앉자마자 첫 번째 팀의 프레젠테이션이 시작되었다.

'놀이' 팀

한 사람이 먼저 청중의 주의를 집중시킨 후, 전체 직원들에게 모두 앞으로 나오라고 청했다. 지시에 따라 사람들은 모두 앞으로 나와 어색하게 서있었다. "저희 프레젠테이션은 게임 형식으로 진행하려고 합니다. 여기 계신 분들 모두 같이 이 게임에 참여하도록 하겠습니다!" 팀의 대표자인 베티가 설명했다.

'놀이' 팀은 색지로 만든 작은 원들을 바닥에 길처럼 깔아 놓고, 음악에 맞춰 사람들이 원에서 원으로 이동하는 게임을 고안해 냈다. 각 원에는 그들의 보고에서 핵심이 되는 행동사항들이 적혀 있었다. 음악이 멈추면, 특정한 원 위에 서게 된 사람이 그 원에 쓰여 있는 사항을 읽어야 했다. 그들의 요점은 두 가지로 나뉘어져 있었는데, 한 가지는 '놀이'가 주는 유익한 점들을 적어 놓은 리스트였고, 또 하나는 이 요소를 어떻게 실천할 수 있는가에 대한 아이디어들이었다. 처음엔 모두 멋쩍게 느꼈지만, 음악이 한

곡 한 곡 진행됨에 따라 모두들 음악과 게임에 완전히 빠져들기 시작했다. 아침 운동을 즐기듯, 그들은 춤을 추기도 했고 가끔씩 환호성을 지르기도 했다. '멋지게 해냈군.' 음악에 따라 돌며 제인은 생각했다.

놀이 찾기 프리젠테이션 ❶

'놀이'의 좋은 점은 무엇일까?

- 놀이로 인한 행복이 다른 사람들에게 전염된다.
- 재미는 창의성으로 연결된다.
- 시간이 빠르게 지나간다.
- 좋은 시간을 갖는다는 것 자체가 건강한 일이다.
- 일을 통해 보상을 받는 것이 아니라, 일 자체가 보상이 된다.

놀이 찾기 프리젠테이션 ❷

우리 부서에서는 어떻게 '놀이'를 실천할 수 있을까?

- "이곳은 놀이터입니다. 애들 같은 어른들을 조심하세요!"라는 표지판을 놓는다.
- 이달의 '우스갯소리 대회'를 열고, 이것을 위한 게시판을 만든다.
- 사무실 환경을 더 화사하게 만들고 다양한 색상을 더한다.
- 화분들과 수족관을 놓아 사무실에 생명을 불어넣는다.
- '점심시간 코미디언' 같은 특별한 행사들을 시작한다.
- 즐거운 시간을 보내고 있을 때나 긴장을 풀고 마음을 가볍게 할 필요가 있을 때 켤 수 있는 작은 조명들을 설치한다.
- 창의성에 대한 교육을 실시한다.
- '창의가 솟아오르는 구역'을 지정하여 이벤트를 개최한다.
- 아이디어들이 계속해서 흘러나올 수 있도록 놀이에 대한 지속적인 활동을 열어 줄 위원회를 조직한다.

'우리의 날 만들기' 팀

다음은 '우리의 날 만들기' 팀이었다. "저희가 준비하는 동안, 땀도 식힐 겸 밖에 나가셔서 커피 한 잔씩 드시고 들어오세요"라는 말이 그들의 첫 번째 요청이었다. 아닌게 아니라, 오랜만에 운동으로 모두들 얼굴이 발그스름해져 있었다. 음료수를 마시고 땀을 식힌 다음 모두가 회의실 안으로 다시 들어오자, 팀원들은 들어오는 순서대로 직원들을 소그룹으로 나누었다. 각 그룹마다 이 팀의 멤버들이 몇 명씩 함께 있었다. 사람들이 이리저리 밀려다니며 정리되는 동안 스테파니가 그들의 임무를 설명해 주었다.

"각 팀별로 15분 동안, 우리의 내부 고객인 직원들의 업무를 지지하고 돕기 위한 전략들을 세워보시기 바랍니다. 그 전에 토의가 효과적으로 이루어지도록, 먼저 자료를 드리겠습니다. 저희가 실시한 고객 여론조사에 대한 결과를 발표인데요, 숨을 한번 깊이 쉬어보시겠어요. 왜냐하면 이제 여러분이 보시게 될 내용들은 그리 유쾌한 건 아닐 테니까요.”

슬라이드가 시작된 지 얼마 지나지 않아 충격이 회의실을 휩쓸고 지나갔다. 소리를 내어 숨을 들이마시는 사람도 있었다. 발표는 팀원들이 인터뷰를 진행하는 모습부터 설문지를 만들고 집계하는 과정, 그리고 평소 우리 부서가 어떻게 하루를 보내는지까지 담겨 있어서 마치 잘 만들어진 한 편의 다큐멘터리를 보는 것 같았다.

우리의 날 만들기 프리젠테이션 ❶

고객 여론조사 결과

1. 고객들은 우리와 함께 일하는 것을 두려워한다. 그들은 우리를 '몽유병 환자들'이라고 부르는데, 좋게 말하면 외부에서 보기에 우리는 지나치게 침착한 것처럼 보인다고 한다. 그들은 우리의 무관심한 대우를 받느니 차라리 한바탕 싸우는 게 더 좋겠다고까지 말했다.

2. 외부의 직원들은 우리 부서의 업무가 중요하다는 것을 인정한다. 오히려 우리 스스로가 우리의 일이 외부 고객들에게 영향을

주지 않는, 중요치 않은 일이라고 생각한다. 맡겨진 업무를 처리하는 것일 뿐 그 이상의 것은 절대 하지 않는다.

3. 대부분의 경우에 우리들은 고객들이 마치 우리를 귀찮게 한다는 듯이 그들을 대한다.

4. 우리는 자신에게 찾아온 고객들을 아주 빈번하게 다른 직원들에게 넘기며, 절대로 문제를 해결하고자 하는 관심을 나타내지 않는다. 우리는 책임을 회피하려는 것처럼 보인다.

5. 고객들은 4시 이후에 우리가 보이는 반응, 또는 '반응 없음'에 대해 농담을 한다. 그들은 4시 30분이 되면 재빨리 엘리베이터로 우르르 달려가는 우리를 비웃고 있다.

6. 고객들은 우리 부서 사람들의 회사를 위한 참여와 헌신 자체를 의심하고 있다.

7. 우리 부서의 현 위치는 '몰락으로 가는 마지막 단계'에 있다고 판단된다.

8. 우리 부서의 업무 전체를 외부 업체로 교체하는 가능성까지 제기되었다고 한다.

스테파니가 말했다. "우리 팀은 이 사실들을 발견하고 처음엔 그저 놀라움을 금치 못했고, 그러고 나서는 화가 났습니다. 그렇지만 고객들이 이렇게 느낀 것에 대해 서서히 인정할 수밖에 없었습니다. 우리가 어떤 핑계나 장황한 변명을 늘어놓는다 해도, 고객들이 느끼는 것을 바꿀 수는 없으니까요. 그들이 보는 것이 바로 우리의 현실이죠. 문제는 우리가 이에 대해 어떻게 대처할 것인가 입니다.”

또 다른 팀원 한 사람이 열정적으로 말을 이어갔다. “제 생각에는, 회사 내에서 우리의 역할이 얼마나 중요한지 우리 스스로가 깨닫지 못하고 있는 것 같습니다. 많은 사람들이 우리에게 의존하고 있으니 만약 그들이 넘겨준 공을 떨어뜨리거나 발을 질질 끌게 되면 직접적으로 그 사람들에게 피해가 가죠. 골문 바로 앞까지 다 와서는 막상 슛을 날려보지도 못하는 거라구요. 우리가 개인적으로 힘든 상황에 처해 있다거나, 회사로부터 받는 보상이 상대적으로 낮다는 사실은 그들에겐 별 상관이 없습니다. 그들은 단지 외부 고객들과 일하고 그들을 조금 더 잘 도울 수 있도록 노력하는 겁니다. 그러니, 그들 눈에는 우리 부서가 그들의 외부 활동

에 방해가 되는 장애물로 밖에 보이지 않는 거죠.”

스테파니가 말했다. “여러분의 아이디어가 절실하게 필요합니다. 우리가 '폐기물' 쓰레기 더미에서 한 걸음 더 멀어지고, 우리 고객들의 날을 만들어 주는 데에 한 걸음 더 다가갈 수 있도록 여러분의 의견을 모아주세요. 45분이라는 짧은 시간을 더없이 귀중한 시간으로 만드는 것은 여러분의 선택에 달려 있습니다. 가장 훌륭한 아이디어를 제시한 팀원들에게는 저희들이 준비한 선물을 드리도록 하죠. 우리 팀의 멤버들이 서기가 되어 모든 의견을 정리할 거예요."

잠시 동안 침묵이 흘렀다. 그러고 나서 그룹들은 첫 번째 프레젠테이션을 통해 받았던 에너지를 되살려 토의에 불을 붙이기 시작했다.

주어진 시간이 끝났을 때, 스테파니가 모두에게 알렸다. "의견들을 종합하는 동안 잠시 휴식시간을 갖도록 하겠습니다." 십 분 후, 그녀는 다시 직원들을 모았다.

"여기 결과가 나왔습니다. 오늘의 상은… 4번 팀에게 돌아가게 되겠습니다!" 4번 팀원들이 앞으로 나와서 '우리의 날 만들기' 배지를 상으로 받았다. 그 다음, 팀원들이 내용을 발표하는 데 모두의 관심이 모아졌다.

우리의 날 만들기 프리젠테이션 ❷

'우리의 날 만들기'의 좋은 점은 무엇일까?

- 업무 능률을 올릴 수 있다.
- 고객을 잘 대접하면 다른 사람을 섬김으로써 받을 수 있는 만족감을 줄 것이다. 그것은 우리로 하여금 자신의 문제들로부터 잠깐 멀어져서, 다른 사람들을 위해 어떻게 긍정적인 변화를 제공해 줄 수 있을 것인지에 집중하도록 할 것이다. 이는 건강한 생각이며 우리의 기분을 좋게 해 줄 수 있고, 오히려 우리 자신이 더 많은 에너지를 얻을 수 있을 것이다.

우리의 날 만들기 프리젠테이션 ❸

우리 부서에서는 어떻게 '우리의 날 만들기'를 실천할 수 있을까?

- 근무시간을 서로 조율하여 오전 7시부터 오후 6시까지 업무가 가능하게 한다. 이는 우리 고객인 다른 부서 사람들에게 매우 편리할 것이다(아마도 활동 시간이 각기 다른 고객 몇몇에게 도움이 될 것이다).

- 고객들을 도와 줄 수 있는 방법을 연구하는 모임을 형성한다. 구체적으로 고객을 분류하여 그에 따라 특정한 모임들을 만드는 것은 어떨까?

- 매월 그리고 매년, 고객 서비스에 대한 수상식을 갖도록 하고, '우리의 날을 만들어 주었다'는 고객들의 추천에 근거해 수상자를 선정하도록 한다.

- 고객들을 참여시키는 '360도 피드백 과정'을 실행한다.

- 고객들을 기쁘게 하고 놀라게 해주는 활동에 전념하는 프로젝트 팀(특수임무 팀)을 지정한다.

- 고객들이 한 달에 한 번씩 방문하여 함께 놀이에 참여할 수 있도록 행사를 시작한다.

- 우리가 처리하는 모든 서류작업이 고객들에게 긍정적인 이미지를 형성할 수 있도록 노력한다.

'이들이 이 정도로 관심을 기울인다면 우리 부서를 완전히 변화시킬 수 있을 거야. 스테파니는 이미 불이 붙었고, 다른 팀원들도 적극적으로 바뀌어 가는 게 눈에 보이잖아. 우리 부서가 이 회사에서 가장 훌륭한 팀이 될 수도 있겠는걸…' 그녀는 기대 이상으로 노력하고 있는 동료들이 고맙고 또 기뻤다.

'고객을 위한 자리 지키기' 팀

이 팀은 지금까지 팀들과는 전적으로 다른 접근을 시도했다. 처음엔 낯설고 어색하기도 했지만, 새로운 시도가 주는 신선함을 모두들 반기는 듯했다. 편안한 음악이 흐르자 잠시 후 팀원 한 사람이 고요한 음성을 보냈다. "자, 여러분… 모두 눈을 감고 긴장을 풀도록 하세요. 숨을 깊이 쉬어 보세요. 준비한 영상들은 여러분들의 마음을 평안하게 이끌어 줄 겁니다."

그 작업이 끝나자, 그녀는 다시 말했다. "이제 우리 팀의 구성원들이 여러분에게 몇 가지 생각들을 들려드리겠습니다. 계속해서 긴장을 풀고 편안하게 계시고요, 숨을 고르게 쉬면서, 눈을 감고 계시기 바랍니다."

몇 편의 시가 낭독되었다. 그중 한 글은 다음과 같았다.

과거는 역사입니다

미래는 신비입니다

오늘은 선물입니다

그래서 우리는 현재를 선물present이라고 부릅니다

존이 자신의 개인적인 이야기를 소개했다. "전 굉장히 바쁘게 살고 있었습니다." 그의 목소리에는 깊은 슬픔이 묻어 있었다.

"여러 가지 일들을 해내기 위해 정신 없이 달려가고 있었지요. 그런데 어느 날 제 딸아이가 저에게 함께 공원에 가자고 했습니다. 저는 아이에게 '정말 좋은 생각이다. 하지만 지금은 아빠가 할 일이 너무 많으니 다음 기회에 가도록 하자'고 말했답니다. 언제나 저에게는 딸과의 나들이보다 급한 일들이 있었고, 그렇게 시간은 흘렀습니다. 며칠이 몇 주가 되고, 몇 주가 몇 달이 되어버렸죠.

그렇게 십 년이라는 시간이 지났습니다. 한 번도 가족과 공원에 가보지 못한 채 말이죠.

그러다 어느 날, 딸에게 함께 공원에 가자고 청했답니다. 그런데 딸아이가 저를 가만히 쳐다보며 말했습니다. '아빠, 저는 이제 열 다섯 살이에요. 아빠와 함께 손을 잡고 공원에 가는 건 그리 재미있는 일이 못 돼요…' 아이는 더 이상 공원에도, 아빠에게도 관심을 가지고 있지 않았습니다."

존은 잠깐 멈추었다, 호흡을 가다듬었다. "저는 며칠 전에 생선 상인 한 명과 그 자리에 함께 한다는 것에 대해 이야기를 나누면서, 내가 집에서나 직장에서나 얼마나 오랫동안 내 자리에 있지 못했는가를 깨닫게 되었답니다. 그 상인은 나에게 가족과 함께 시장으로 오라고 초대를 해 주었죠. 딸아이는 가기 싫다고 했지만, 결국 제 설득에 넘어가 함께 가기로 했습니다. 우리는 아주 좋은 시간을 보냈고, 난 아이들을 위해 전적으로 곁에 있어주려고 노력했답니다. 아내가 아들을 데리고 길 건너 장난감 가게에 간 사이,

난 딸아이와 함께 앉아서 이야기를 나누었어요. 네가 아빠를 필요로 할 때 곁에 있어주지 못해서 정말 미안하다고 고백했습니다. 난 아이에게 아빠를 용서해 달라고 부탁하며 이미 지난 일들은 바꿀 수 없지만, 이제부터는 곁에 있어줄 수 있는 아빠가 되도록 최선을 다하겠다고 했습니다. 딸아이는 제가 그리 나쁜 아빠는 아니었다고 대견스럽게 말해주었답니다. 다만 그저 조금만 더 마음을 가볍게 하고, 밝아질 필요는 있다고 하더군요." 그는 딸의 어른스런 말투를 흉내 내며 웃음 반, 눈물 반이었다. "제가 삶의 태도를 완전히 변화시키기 위해서는 아직 갈 길이 멀다는 걸 압니다. 하지만 점점 좋아지고 있죠. 그 자리에서 함께 해야 한다는 깨달음이 잃어버렸던 많은 소중한 것을 되찾을 수 있게 했습니다. 바로 제 딸과의 사랑을 말입니다."

존이 이야기를 마치자, 로니가 제인에게 귓속말로 알려주었다. "존을 도와준 사람은 바로 제이콥이었어요. 방금 말한 날 이후로 날아갈 것처럼 즐거워하고 있죠. 새로 온 친구인데, 처음으로 다

당신은 지금 이곳에 전적으로 몰두하고 있습니까?
우리는 좋은 시간을 갖고 있을까요?

른 사람에게 도움을 주는 것을 경험했거든요."

이어서 이전 직장에서 있었던 일을 고백하던 쟈넷 또한 감정이 격앙되었다. "어떤 직원이 계속해서 저의 주의를 끌려고 했어요," 그녀가 말했다. "하지만 전 개인적인 문제들에 의해 마음이 산만한 상태였고, 그래서 우리는 한번도 진지하게 이야기를 나누지 못했지요. 그러다가 갑자기 엄청난 일이 터졌죠. 감당할 수 있는 것 이상으로 자신에게 일들이 쌓이기 시작하자, 그 직원은 일의 진행이 늦어지는 것을 숨기기 위해 허위로 보고서들을 작성한 거죠. 마침내 이 모든 일들이 드러났을 땐 이미 너무 늦어버렸어요. 그녀는 해고되었고, 회사는 중요한 고객과 막대한 돈을 잃게 되었지요. 더 이상 손을 쓸 수 없는 상황이 이르고, 결국 저도 직장을 잃게 되었답니다. 동료 직원이 제게 소리 없이 도움을 요청하고 있었을 때, 제가 그녀를 위해 그 자리에 함께 했다면 그 모든 일을 막을 수 있었을 거예요."

이어서 베스가 자신의 이야기를 시작했다. 그녀가 TV 앞에서 자전거 운동기구를 타며 밀린 독서를 하고 있었을 때, 그녀의 아들이 거실로 나와 소파에 앉았다고 했다. 그녀는 아이가 힘들어하고 있는 것을 알 수 있다고 했다. "엄마들만이 느낄 수 있는 것들이 있죠," 그녀가 말했다. "이전 같았으면 아이에게 얘기를 하면서도 동시에 내가 하던 일을 계속했을 거예요. 하지만 많은 경험과, 그리고 또 이혼이라는 인생의 굴곡이, 사랑하는 사람들과의 관계에서는 효율적인 것이 언제나 현명한 행동이 아니라는 사실을 저에게 가르쳐 주었지요. 그래서 저는 TV를 끄고 읽고 있던 잡지를 내려놓고 운동기구에서 내려와서, 아들의 이야기를 한 시간 정도 집중해서 들었어요. 아이는 하고 싶었던 이야기들을 모두 털어놓은 다음, 내가 특별한 해결책을 준 것도 아닌데 스스로 문제를 해결하더라구요. 아이에게는 진심으로 자기의 문제를 들어주는 사람이 필요했었던가 봅니다."

다른 몇 명의 팀원들도 자신의 경험들을 꺼내 놓았다. 그러고 나서 그들은 서로를 위해, 그리고 우리의 내부 고객들을 위해 그 자리에 항상 함께 한다는 것에 대한 중요성을 확증했다.

"우리가 자신의 자리에서 함께 할 때만이 다른 사람들을 위한 배려를 보여 줄 수 있습니다." 다른 한 팀원이 덧붙였다.

팀원은 경험을 발표한 다음, 그들이 서로, 또는 고객들과 더불어 문제에 대해 의견을 나눌 때에도 전적으로 자신의 자리에 있을 것을 약속했다. 또한 "우리는 좋은 시간을 갖고 있을까요? 당신은 지금 이곳에 전적으로 몰두하고 있습니까?"라는 질문들을 통해 서로가 서로에게 격려할 수 있도록 노력이 필요하다고 주장했다. 이와 함께, "당신 지금 산만해 보여요… 뭔가 문제가 있는 것 같군요"라는 문장을 그의 태도에 신호를 보내 줄 수 있는 특별 암호로 결정했다. 모든 사람들이 함께 할 것을 다짐했고, 동료들이나 고객들과 전화 통화를 하면서 책을 읽거나 메일을 보내는 일을 하지 않겠다는 것에도 동의했다.

'태도 선택' 팀

　　마지막으로 '태도 선택' 팀의 차례가 되었다. 그들의 발표는 간단하면서도 가장 적절했다. "태도를 선택하는 것에 대한 결과로써 얻을 수 있는 장점들은 다음과 같습니다."

　　"첫 번째로, 태도를 선택할 수 있다는 것을 받아들인다, 이것은 우리 부서 자체적으로 일터를 에너지 넘치는 장소로 만들 수 있다는 개인적인 책임감과 적극성의 수준을 드러내는 것입니다.

　　두 번째, 당신의 태도를 선택하는 것과 피해자처럼 행동하는 것은 상호 배타적인 관계를 갖고 있습니다.

　　세 번째, 당신이 선택한 태도가 자신의 가장 훌륭한 자질들과 일에 대한 사랑을 나타나게 하는 것이 되기를 바랍니다. 현재 우리는 사랑하는 일을 정확하게 선택할 수 없을지도 모릅니다. 하지만 우리가 하고 있는 일을 사랑하기로 선택할 수는 있습니다. 우리는 각자가 가지고 있는 가장 좋은 자질들을 일터로 가져올 수 있습니다. 이것은 우연이 아닌 선택입니다. 이 하나의 선택을 할 수 있다면, 지금 우리가 몸담고 있는 일터를 험난한 경쟁 시장 안에서도 에너지와 융통성과 창의력의 오아시스로 만들어 나갈 수 있을 것입니다."

우리 부서에서는 어떻게 '태도 선택'을 실천할 수 있을까?

팀의 대표자인 마가렛은 먼저 삶의 태도를 선택한다는 것은 상당히 개인적인 것이라고 시사했다. "솔직히 말씀드리자면, 우리들 중 많은 사람들이 자신의 삶을 선택하는 능력을 상실한 지 이미 오래된 듯 보입니다. 이제 우리는 자유의지를 행사할 수 있도록, 삶을 선택하는 능력을 계발시킬 수 있도록, 함께 노력해야 합니다. 당신에게 선택의 여지가 있다는 사실을 모르거나, 또는 그 사실을 믿지 않을 때, 당신의 삶은 변화를 일으킬 수 없습니다. 우리 부서 안에는 매우 어려운 일을 겪었던 이들이 있습니다. 삶의 굴

곡 때문에 몇몇은 자신의 태도를 선택할 수 있다는 아이디어를 내면화 하는 데 더더욱 오랜 시간이 걸릴지도 모르겠습니다."

다른 팀원이 이야기를 이어나갔다. "우리는 '삶의 태도를 선택한다'는 개념을 실행에 옮길 수 있는 두 가지 방법을 발견했고, 이미 몇 단계를 시작했습니다. 첫째로, 우리 부서 전 직원이 모두 읽어볼 수 있도록 『나의 책임』이라는 소책자를 구입했습니다. 이 책을 다 읽고 난 후, 서로 이것에 대해 토의할 수 있도록 우리 팀은 토의 그룹을 만들 것입니다. 만약 이 계획이 잘 이루어진다면, 계속해서 다른 책들, 예를 들어 『열광하는 관중들』, 『무턱대고 열심인 사람들』, 『가지 않았던 길』 같은 책들을 더 읽고 토론하려 합니다. 이 모든 책들은 태도를 선택한다는 개념을 더 잘 이해할 수 있도록 도와줄 것입니다.

두 번째로, 우리는 사무실 안에 모든 직원들이 사용할 수 있는 '태도 메뉴판'을 마련했습니다. 아마 여러분 모두 이 메뉴판을 전에 보셨을 텐데요. 우리는 아직도 누가 그것을 사무실 문에 처음으로 붙여놓았는지 알아내지 못했어요. 그래시 상을 줄 수는 없을 것 같네요. 이제 날마다 여러분은 개인적인 메뉴판을 갖게 될 것입니다."

제인은 팀원이 나누어 준 메뉴판을 내려다보았다. 메뉴판은 두 면으로 되어 있었다. 한 쪽 면에는 '화난, 관심 없는, 씁쓸한' 등의 단어들로 둘러싸인 찡그린 얼굴이 그려져 있었고, 다른 쪽 면에는 웃는 얼굴을 둘러싸고 '에너지 넘치는, 돌보는, 살아있는, 지지하는, 창의력 있는' 등의 단어들이 적혀 있었다. 그리고 맨 위에는 '선택은 당신의 것입니다'라고 적혀 있었다. 이것은 며칠 전에 우리 부서 입구에 붙어 있는 메뉴판을 적절하게 발전시킨 것이었다.

첫 팀별 프레젠테이션은 예쁘게 그려진 메뉴판을 나누어 받고 이에 대한 느낌들을 공유하며 끝을 맺었다.

제인은 자리에서 일어나 직원 한 사람, 한 사람에게 축하의 말을 전했다. 로니 역시 그녀 뒤로 몇 걸음 물러나 직원들에게 격려와 찬사를 보냈다. 그녀가 모든 직원들과 이야기를 마친 것은 점

선택은 당신의 것입니다.

심시간이 훨씬 지나서였다. 이번 발표 이후 세인의 마음속에서는 '유독성 폐기물'을 깨끗이 청소하는 일이 아주 훌륭하게 시작되었다는 확신이 피어났다.

로니는 제인을 회사 건물까지 데려다 주었다. 그들이 많은 사람들의 시선을 이끈 것은 그리 놀랄 만한 일은 아니었다. 말끔하게 정장을 갖추어 입은 커리어 우먼과 어시장에서나 볼 수 있는 완벽한 작업복 차림의 생선상인이 나란히 걸어가는 모습이란… 그러나, 그보다 더 놀라운 사실은 거리에서 로니를 알아보는 사람들이 꽤 많았다는 것이었다.

"상사가 당신이 다른 직장으로부터 스카웃 제의를 받았다는 걸 아직 모르고 있죠?" 로니가 물어 보았다. 2주 전, 제인은 제일금융의 주요 경쟁업체로부터 뜻밖의 전화를 받았다.

"모르겠어요. 그 회사의 인사담당자가 내 이전 상사에게도 제의한 걸로 알고 있거든요. 이전에 나의 상사였던 사람은 제일금융을 떠나 포틀랜드로 옮겼지요. 하지만 저는 회사에 아무 말도 하지 않았어요.”

“그렇게 좋은 조건을 당신이 왜 거절했는지 이해할 수 없었지만, 이제는 왜 그랬는지 알 것 같군요… 당신은 이 팀을 변화시키기 위한 작업을 시작했고, 동료들을 실망시키고 싶지 않았을 거예요.”

“로니, 틀린 말은 아니지만, 그건 이유의 일부분에 불과해요. 생각해봐요… 제일금융을 가장 일하기 좋은 일터로 만들어 놓고 나서 왜 내가 이곳을 떠나겠어요? 이제부터가 진짜 즐거운 시간들인데 말이에요.”

FIRST GUARANTEE FINANCIAL

Chap 2. Sunday, February 7 _The Coffee Shop One Year Later
2월 7일, 일요일 _그로부터 1년 뒤

2월 7일, 일요일 _그로부터 1년 뒤

메리 제인은 자신의 일기장(그 일기장의 표지엔 『단순한 풍요*Simple Abundance*』이라고 적혀있었다)을 꺼내어 2월 7일자 페이지를 찾아 펼쳐들었다.

'이 책 내용들은 시간을 초월해…' 그녀는 생각했다.

'1년 전에 난 이곳에 앉아서, 어떻게 하면 '유독성 폐기물'들을 청소할 수 있을까 고민하고 있었는데… 사실, 바로 이곳에서 내 자신도 문제의 일부분이라는 것과 다른 사람들을 지도하기 전에 내 자신을 먼저 이끌어야 한다는 사실을 깨달았지.

호텔에서의 팀별 발표회는 정말 훌륭한 시작이었어. 우리 직원들은 사실 이전에 그들이 보여주었던 것 이상의 능력을 가지고 있었던 거야. 이제 우리 부서는 완전히 다른 곳이 되었지. 새로운 문제가 벌어져 버려서 골칫거리이긴 하지만… 우리에게 닥친 문제는 회사의 모든 직원들이 우리 부서에서 일하고 싶어한다는 것이지. 그때 우리 부서에 수여된 회장상은 정말이지 즐거운 충격이었어. 회장님은 내가 상장을 그렇게나 많이 복사해 달라고 요청하자 정말 놀란 것 같더군. 날 위해서 한 장, 그리고 빌을 위해 한 장, 또 우리 부서 직원들 한 사람 한 사람을 위해 상장의 복사본이 필요했고, 로니와 다른 생선 상인들을 위해서도 상장들이 필요했지. 난 세계적인 파이크 플레이스 어시장 계산대 위에 그 상장이 걸려 있는 걸 보는 것이 즐거워. 로니의 거실에도 자랑스럽게 걸려있는

그 상장…’

　그녀는 일기장을 열어 그녀가 가장 좋아하는, 존 가드너의 인생의 의미에 대한 글을 옮겨 적었던 부분을 찾았다.

의미

의미란, 수수께끼의 정답이나 보물찾기의 보물처럼 어쩌다가 우연히 발견하는 것이 아닙니다.

의미란, 당신 스스로 자신의 삶 속에서 세워나가는 것입니다. 당신 자신의 과거로부터, 당신의 애정과 충성심으로부터, 당신에게 전해져 내려온 인류에 대한 경험으로부터, 자신의 재능과 지식으로부터, 당신이 믿고 있는 것으로부터, 당신이 사랑하는 사물들과 사람들로부터, 당신이 무언가를 희생할 수 있을 정도로 가치를 두고 있는 것으로부터… 그런 모든 것들로부터 당신이 세워 나가는 것입니다. 모든 재료들이 거기 있고, 그 재료들을 조합할 수 있는 사람은 당신 한 사람뿐입니다. 삶의 순간들이, 시간의 조각들이 당신에게 의미와 존엄성으로 새겨지도록 하십시오. 그리고 만약 그렇게 된다면, 실패나 성공에 대한 저울질은 그리 중요하지 않을 것입니다.

_존 가드너

문득, 삶을 지탱하는 것조차 힘겨웠던 아주 오래전의 기억이 되살아나 일기장 어느 행간으로 스며 들어오는 것을 느꼈다. 오랜 시간을 거쳐, 그 기억들은 '삶의 의미'라는 이름으로 다시 태어났던 것이다. 몰래, 눈물을 훔치며 그녀는 낡은 일기장을 덮었다.

"로니, 당신이 그 케이크를 다 먹어 치우기 전에 한 쪽만 주겠어요?" 로니는 책을 읽으며 조용히 그녀 앞에 앉아 있었다. 그는 접시를 그녀 쪽으로 밀어주었다. 케이크를 집으려고 고개를 들었을 때, 그녀는 접시 위에 케이크 대신 커다란 생선 머리와 그 벌어진 입 속에서 빛나고 있는 작은 반지를 보았다. 그의 긴장한 표정 속에는 커다란 물음표가 자리잡고 있었다. 웃음을 참으며, 그녀는 대답했다. "오, 로니! 그래요, 우리 결혼해요. 그런데 언제까지 이렇게 장난을 칠거죠?"

거리는 춥고, 어둡고, 을씨년스러운 풍경이었다. 하지만, 우리의 내부에는 완전히 다른 것이 피어나고 있었다.

회장상 시상식

회장은 강단으로 나와서 관중을 둘러보았다. 그녀는 자신의 원고를 한번 내려다보고는, 침착하게 고개를 들며 연설을 시작했다.

"내 생애에 오늘밤보다 더 자랑스러운 순간이 있었는지 기억할 수가 없군요. 제일금융에 매우 특별한 일이 있었습니다. 밀실작업을 하던 3층 관리 부서가 새롭게 탄생했습니다. 메리 제인 라미레즈와 그녀의 팀은 우리가 스스로, 매일 아침 사무실에 들어서면서, 만족과 보상을 제공하는 일터를 갖기로 선택할 수 있다는 사실을 재발견했습니다. 그것은 바로 '오늘 하루는 좋은 날이 될 것인가?'라고 묻고, 거기에 대해 '그래! 난 오늘 하루를 멋진 날로 만들겠어!'라고 대답하는, 어찌 보면 매우 단순한 작업입니다. 하지만 이런 활동을 통해 관리 부서의 전 직원들은 모두 신입사원들과 같은 열성을 갖게 되었고, 습관적이라고 무료하게 진행하던 업무는 가치가 살아있는 활동들로 탈바꿈하였습니다. 나는 이런 변화의 요소들이 한 어시장을 관찰함으로써 발전되었다는 것을 알고 있습니다. 어시장이 훌륭한 일터가 될 수 있다면, 제일금융의 어떠한 부서도 훌륭한 일터로 만들 수 있다는 사실을 관리 부서 사람들은 깨달았던 것입니다. 그들이 발견한 변화의 요소들은 우리 모두가 볼 수 있도록 본부 건물 입구에 기념패로 새겨놓았습니다.

일터로 들어서면서

오늘 하루를 멋진 날로 만들겠다고 '선택'해 주십시오.

나의 동료들, 고객들, 팀원들,

그리고 나 자신 또한 감사하게 될 것입니다.

신나게 놀면서 일할 수 있는 방법들을 찾으십시오.

고객들과 동료들이 나를 필요로 할 때

항상 그 자리에 함께 할 수 있도록

내 자리에 초점을 맞추고 계십시오.

그리고 나의 에너지가 저하된다고 느낄 때,

확실한 치료법이 있습니다.

바로 스스로를 향한 격려의 말 한마디를 해주거나,

또는 진심을 기울여 서로가 '우리의 날'을 만드는 것입니다.

PIKE
연어
$4.99
고
$3
고등어
$3.99

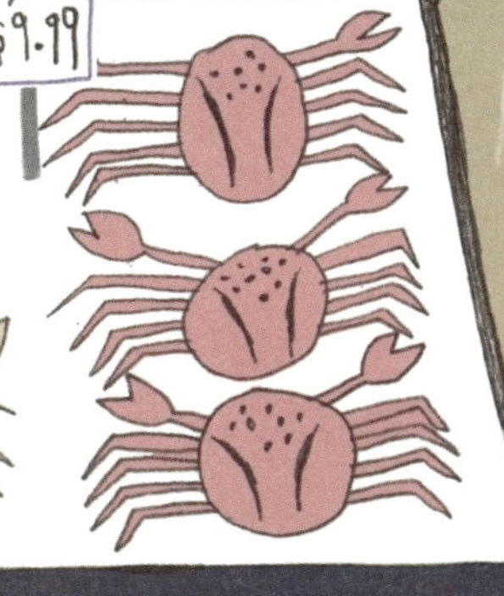

감사의 말 / 옮긴이의 말

감사의 말

파이크 플레이스 어시장에게,

삶을 사랑하는 모든 분들에게

이 책을 성공적으로 마칠 수 있도록 함께 노력해 주신 많은 분들이 계시다. 모든 분들께 감사를 표하고 싶다(우리가 분명 누군가 빠뜨릴 것임을 알고는 있지만 말이다). 먼저, 우리는 여러 소중한 분들에게 감사를 드리고, 그 다음 네 분들께 특별한 감사를 표하고 싶다.

먼저, 탁월한 출간을 진행해 준 하이페리온 출판사에 감사한다. 함께 일하는 것 자체가 특권이었던 팀 멤버들은 다음과 같다. 밥 밀러, 마르다 르빈, 엘렌 아쳐, 레인 커민스, 마이클 버킨, 마크 체잇, 제니퍼 랜더스, 클레어 엘리스, 안드리아 호, 데이빗 롯, 빈센트 스탠리, 그리고 타임-워너 트레이드 퍼블리싱의 세일즈 팀에게도 감사를 드린다.

그리고 우리가 어떻게 세계 최고의 에이전시를 만나는 행운을 잡았을까? 마가렛 맥브라이드 에이전시에 소속된 올스타 직원들은 다음과 같다. 존 카바시, 다나 드거티스, 산지타 메타, 크리스 사우어.

만약 파이크 플레이스 어시장이 없었다면, 이 책은 당연히 나오지 않았을 것이다. 어시장의 주인인 조니 요코야마 씨께 감사를 드리며, 또한 세계적인 어시장을 만들어 냈고 이를 유지하고 있는

191

이곳의 멋진 생선 상인들에게도 감사를 드린다.

그리고 또 자신들의 지혜와 글들을 나누어 주신 작가들과 비즈니스계의 지도자들이 계셨다. 이처럼 재능 있는 개인들이 후원을 보내 준 것을 우리는 영광으로 생각하고 있다. 셸던 보울스, 리쳐드 창, 피터 이코노미, 피터 아일러, 스펜서 존슨, 로리 록하트, 밥 넬슨, 로버트 J. 뉴전트, 하이럼 스미스, 도널드 D. 스나이더, 리차드 술피지오.

우리는 또한 켄 블랜차드 회사와 차트하우스 사의 직원들에게, 그들의 세심한 수많은 도움의 손길들에 감사를 드린다.

그리고 마지막으로 이 책이 세상에 나오기까지 피땀을 흘려준 네 분의 공로에 깊은 감사를 표한다. 편집자인 월 슈와비는 그의 열정과 노련한 경험으로 마지막 순간까지 계속해서 이 책을 더 좋

게 만들기 위한 방법들을 찾고자 노력했다. 차트하우스 사의 패트

릭 노스는 뫼비우스 상을 수상한 경력이 있는 자신의 재능으로 우

리를 도와주었다. 켄 블랜차드는 우리를 잘 안내해 주었으며, 멋

진 서문을 써 주었다.

마지막으로, 마가레트 맥브라이드 작가에게 감사를 보낸다. 그

녀는 보물과도 같은 존재이다.

모든 분들께 감사드린다.

스티븐 C. 런딘Stephen C. Lundin

해리 폴Harry Paul

존 크리스텐슨John Christensen

오늘, 나는 어떤 일터에서 일할 것인가?

하루 대부분의 시간을 보내는 일터에는 회사에 따라, 혹은 부서에 따라 다양한 분위기가 공존한다. 어떤 일터의 직원들 얼굴에는 무거운 그림자가 드리워져 활기라고는 전혀 찾아볼 수 없다. 그들이 몸담고 있는 곳에서는 비오는 날의 오후처럼 암울하고 적막한 공기가 맴돈다. 반대로 어떤 회사에서는 딱, 들어서는 입구에서부터 웃음이 넘친다. 그리고 그곳 사람들의 얼굴에는 에너지가 출렁이며, 화기애애한 미소가 퍼진다. 오늘, 당신은 어떤 일터로 들어 서는가?

아침에 천근만근인 몸을 억지로 일으키며, "회사 가기 싫어서 죽겠네, 오늘 하루는 또 어떻게 때우냐…"라고 외치는 사람이 있 고, 반면에 "정말 상쾌한 아침이야. 오늘은 회사 가서 무슨 재미난 일을 할까?"라고 중얼거리며 창을 여는 사람이 있다. 그날 하루는 아침을 여는 마음에 따라 달라지고, 일터에서의 하루는 내가 어떤 태도로 사무실의 문을 여느냐에 따라 천지차이로 달라진다. 또한, 일터의 질은 일터에서 일하는 사람의 마음에 따라 좌우되며, 일터 에서 일하는 사람들이 만들어 가는 관계의 질에 따라 좌우된다.

나의 태도와 자세, 그리고 업무 방식뿐만 아니라 내가 다른 사 람과 만들어 가는 관계를 어떻게 정립하느냐에 따라서 일하기에 좋은 장소가 있고 그렇지 못한 회사가 있는 것이다. 직원들 스스 로 일하기에 좋은 곳이라고 느껴지는 곳은 내부의 직원뿐만 아니 라, 서비스를 받는 외부고객들의 마음까지 사로잡는다.

이런 맥락에서 매년 〈포춘〉지는 '일하기 좋은 100대 기업100 Best Companies'을 선정, 발표하고 있다. 이들 100대 기업은 단순히 매출액과 회사 규모에 따라 선정되는 것이 아니다. 여기에 선정된 기업들을 분석해 보면 몇 가지 요인을 찾을 수 있다. 우선 임직원들 간에 굳건한 신뢰가 형성되어 있다. 두 번째로 모든 임직원이 자기가 하는 일에 대해서 강한 자부심을 지니고 있다. 마지막으로 이들 회사에서는 모든 직원들이 재미있게 일한다. 그러니, 그곳에는 늘 밝은 웃음이 있고, 생동감이 살아 숨쉬며, 에너지가 넘쳐흐를 수밖에…

이 책의 이야기를 통해서 저자가 전달하고자 하는 메시지는 한마디로 '어떻게 하면 우리가 몸담고 있는 일터를 일하기에 좋은 훌륭한 일터로 가꾸어 나갈 것인가'이다. 우선, 주요 아이디어는 시애틀의 유명한 시장, 파이크 플레이스 어시장에서 유래한다. 세계적인 어시장이 된 이곳의 구성원들은 축축하고 냄새나고 더럽

다는 어시장의 선입견을 완전히 파괴시켜 버릴 정도로 놀라운 혁
신을 가져왔다.

그들은 어시장을 신나고 활기가 넘치는, 편안한 휴식 공간으로
재창조해 냈다. 상인들이 행복을 느끼는 시장, 누구든 동참해서
재미있는 추억거리를 만들고 싶은 장소, 극진한 대접을 받으면서
순간을 즐길 수 있는 놀이터로 탈바꿈시킨 그들의 비밀 열쇠는 무
엇일까?

나아가 이 책 속에는 자신의 삶을 보다 의미 있고 보람되게 만
들어 가고 싶은 사람들이 실천할 수 있는 삶의 철학이 담겨 있다.

변화는 작은 실천으로부터 시작된다. 단순한 아이디어지만 직
접 실천하느냐, 하지 않느냐에 따라 지금까지는 상상하지도 못했
던 경이로운 세계를 경험할 수도 있고 지금보다도 더 힘겨운 삶을
살아갈 수도 있다.

단 한번만이라도 일터로 향하는 나의 태도를 선택해보자. 단 한
번만이라도 어떻게 하면 즐겁고 재미있게 일할 수 있을 것인지,

어떻게 하면 나의 고객들이 항상 기뻐할 수 있을지 고민해보자.

내가 행복하고 옆에 앉아 있는 나의 동료가 웃음을 지을 때, 나의 고객이 나와 한번 더 눈을 마주한다. 고객이 나와 함께 깊은 이야기를 나누려고 할 때, 회사는 멈출 수 없을 정도의 무한한 성장을 거듭할 것이다.

이 작은 책이 독자들의 삶을 변화시킬 수 있는 지침서가 될 수 있기를, 또한 독자들이 몸담고 있는 일터를 일하기에 좋은 훌륭한 삶의 터전으로 탈바꿈시키는 데 일조할 수 있기를 기대해 본다.

유영만

FiSH!
펄떡이는 물고기처럼

2000년 11월 6일   1판 1쇄 펴냄
2015년 4월 10일   1판 74쇄 펴냄
2019년 4월 18일 개정판 2쇄 펴냄(총 76쇄)

지은이 스티븐 C. 런딘, 해리 폴, 존 크리스텐슨
옮긴이 유영만
그린이 전광은
펴낸이 김철종 박정욱
인쇄제작 정민문화사

펴낸곳 한언
출판등록 1983년 9월 30일 제1 - 128호
주소 03146 서울시 종로구 삼일대로 453(경운동) KAFFE빌딩 2층
전화번호 02)701 - 6911 **팩스번호** 02)701 - 4449
전자우편 haneon@haneon.com **홈페이지** www.haneon.com

ISBN 978-89-5596-808-8   13320

* 이 책의 무단전재 및 복제를 금합니다.
* 책값은 뒤표지에 표시되어 있습니다.
* 잘못 만들어진 책은 구입하신 서점에서 바꾸어 드립니다.

이 도서의 국립중앙도서관 출판예정도서목록(CIP)은
서지정보유통지원시스템 홈페이지(http://seoji.nl.go.kr)와 국가자료공동목록시스템
(http://www.nl.go.kr/kolisnet)에서 이용하실 수 있습니다.(CIP제어번호: CIP2017020787)